U0596796

房产税改革的财富分配效应与制度创新研究

姚涛 等著

FANGCHANSHUI GAIGE DE CAIFU FENPEI XIAOYING YU ZHIDU CHUANGXIN YANJIU

中国财经出版传媒集团

经济科学出版社
Economic Science Press

图书在版编目（CIP）数据

房产税改革的财富分配效应与制度创新研究/姚涛等著. —北京：经济科学出版社，2019.4

ISBN 978－7－5218－0350－1

Ⅰ.①房… Ⅱ.①姚… Ⅲ.①房地产税-税收改革-研究-中国 Ⅳ.①F812.424

中国版本图书馆 CIP 数据核字（2019）第 043125 号

责任编辑：顾瑞兰
责任校对：蒋子明
责任印制：邱　天

房产税改革的财富分配效应与制度创新研究
姚　涛　等著
经济科学出版社出版、发行　新华书店经销
社址：北京市海淀区阜成路甲 28 号　邮编：100142
总编部电话：010-88191217　发行部电话：010-88191522
网址：www.esp.com.cn
电子邮件：esp@esp.com.cn
天猫网店：经济科学出版社旗舰店
网址：http://jjkxcbs.tmall.com
固安华明印业有限公司印装
880×1230　32 开　8 印张　280 000 字
2019 年 4 月第 1 版　2019 年 4 月第 1 次印刷
ISBN 978－7－5218－0350－1　定价：52.00 元
（图书出现印装问题，本社负责调换。电话：010－88191510）
（版权所有　侵权必究　打击盗版　举报热线：010－88191661
QQ：2242791300　营销中心电话：010－88191537
电子邮箱：dbts@esp.com.cn）

前　言

目前，我国贫富差距过大状况已相当严重，加快财税体制改革以缩小贫富差距势在必行。经验研究表明，我国的绝大多数间接税会潜在地让低收入家庭缴税更多，从而扩大收入不平等。根据发达国家经验，实行直接税是缓解不平等问题的一个重要途径。但我国的个人所得税过于强调对工薪劳动者的调控，对非劳动收入调控不力。房产税是对作为存量的财产所征收的存量税，应发挥调节财富分配效应的作用。在现代国家的税收体系中，房产税是财产税中最重要的税种。目前，我国房产税的法律依据是1986年国务院发布的《中华人民共和国房产税暂行条例》，但其课税对象主要是经营性用房，存在征收范围小的问题。

为了更好地发挥房产税的作用，近年来，我国对房产税改革的探索在逐步推进。但目前国内对房产税财富分配效应的系统研究还比较薄弱，而且现有研究多注重理论探讨，基于我国相关数据的实证研究还十分匮乏。由于存在上述不足，亟需结合我国的经济与社会环境，利用相关数据对房产税财富分配效应问题进行深化研究。

本书以税收归宿和最优税收理论为基础，以官方统计数据、社会调查及实验数据作为实证分析的数据来源，以房产税改革的财富分配效应为研究线索，按照构建理论框架、实证检验、政策建议的基本思路展开。

本书各章的研究内容和主要结论依次为：

第1章是导论，介绍研究背景与研究意义，对基本概念进行界定，进行文献综述，并阐述本书的研究思路、研究方法、结构安排、基本观点与创新点。

第2章是房产税财富分配效应作用机理分析，构建了房产税财富分配效应的理论框架。首先，在局部均衡分析框架内，分别从静态和动态角度分析房产税的税收归宿。其次，基于修正的哈伯格模型和索洛增长模型，运用静态与动态一般均衡分析方法，分析房产税的转嫁与归宿规律。最后，借鉴最优商品税和最优所得税的研究，探讨最优房产税的制度设计机理。

第3章是房产税改革财富分配效应的微观模拟分析，运用微观模拟方法，基于44343个家庭的调查数据以及12种房产税改革方案，对房产税的整体财富分配效应进行测度，并深入研究影响财富分配效应的各税制要素及其影响程度。

第4章是房产税改革公平效应的问卷调查分析，利用问卷调查方法考察我国居民对房产税公平的态度。基于网络问卷调查和实地问卷调查的样本数据，用交叉证实方法识别房产税公平感的构成维度，利用方差分析法研究房产税公平感的影响因素，运用结构方程模型检验房产税公平感对税收遵从的影响。

第5章是房产税改革公平效应的实验研究，设计实验考察中国被试对房产税公平的态度。运用情景实验法研究了房产税税负水平与比较公平感的关系、房产税执法情况与程序公平感的关系，以及两种公平感对房产税遵从的影响，由此探讨能否从公平感的角度提高房产税遵从水平。

第6章是房产税财富分配效应的国际比较，以美国、英国和中国香港地区为例，基于各国家和地区的房产税实践，对财富公平分配的影响进行实证分析。这些结果对我国房产税改革有所启示。

第7章是促进财富公平分配的房产税制度创新，主要从促进财富公平分配的角度讨论房产税制度创新，为房产税充分发挥公平分配效应提供一个合理的改革思路，并提出具体的政策建议。首先，从房产税公平的角度分析房产税制度变迁的路径，提出未来房产税改革的路径选择。然后运用新制度经济学的理论分析房产税制度的需求与供给。接着研究了有利于实现财富公平分配目标的房产税要素的制度安排以及实施机制，并讨论了房产税改革与相关制度改革的耦合安排。

第8章是总结，对本书的工作和结论进行总结，展望未来可能的研究方向。

最后需要说明的是，由于笔者的能力有限，时间仓促，本书的研究只是初步性的。恳请读者对本书存在的不足和错误不吝赐教。

姚　涛

2019 年 3 月

目　录

第1章 导论

1.1 研究背景与研究意义

1.1.1 研究背景

随着我国经济改革不断深化，人们生活水平不断提高，居民家庭的贫富差距也日益增大。据国家统计局公布的数据，2003 ~ 2012 年，我国各年基尼系数在 0.47 ~ 0.49 之间。近年来有所下降，但 2016 年全国居民人均可支配收入基尼系数仍然达到 0.465，高于绝大多数发达国家，也高于许多发展中国家（World Bank, 2009）。同时，城镇和农村财产分布的基尼系数都有明显上升的趋势，财产分布的不平等程度不断加大。李实、魏众和丁赛（2005）的研究表明，1995 年和 2002 年，我国城镇居民财产分布基尼系数分别为 0.52 和 0.48；同期，农村居民财产分布基尼系数分别为 0.33 和 0.40。梁运文、霍震和刘凯（2010）的研究表明，2005 年和 2007 年，我国城镇居民财产分布基尼系数分别为 0.56 和 0.58；2007 年，我国农村居民财产分布基尼系数为 0.62。2010 年的财产基尼系数超过了 0.7（李实、万海远、谢宇，2014；谢宇、靳永爱，2014）。贫富过于悬殊对社会和谐发展很不利，政府有必要制定政策促进财富公平分配。

税收是促进分配公平的重要手段。经验研究表明，我国的绝大多数间接税会潜在地让低收入家庭缴税更多，从而潜在地扩大收入不平等（岳希明、张斌、徐静，2014）。根据发达国家经验，实行直接税是缓解不平等问题的一个重要途径。但我国的个人所得税过于强调对工薪劳动者的调控，对非劳动收入缺乏调控或调控不力（宋晓梧、李实、石小敏等，2011）。在现代国家的税收体系中，房产税①是财产税中最重要的税种。目前，我国房产税的法律依据是 1986 年国务院发布的《中华人民共和国房产税暂行条例》，但其课税对象主要是经营性用房，存在征收范围小的问题。

房产税是对作为存量的财产所征收的存量税，因此，应发挥调节财富分配效应的作用。拥有较多财富的群体房产价值较高，缴纳的房产税相应较多，而为了照顾普通居民对住房的刚性需求，制定合适的税收优惠政策对其少征税，以此实现将拥有高房产价值者的财富集中到政府进行再分配，将征收的房产税用于保障性住房的供给等公共事业的支出，从而达到调节财富分配的效果。

为了更好地发挥房产税的作用，近年来，我国对房产税改革的探索在逐步推进。2003 年 10 月，党的十六届三中全会通过的《中共中央关于完善社会主义市场经济体制若干问题的决定》中指出："实施城镇建设税费改革，条件具备时对不动产开征统一规范

---

① 我国的房产税名义上只对房产征税，但事实上并未将房产价值和土地价值区分开来分别征税，因此税基包括土地及其附属的建筑物。在官方文件和研究文献中，房产税、财产税、不动产税、物业税等概念的内涵大同小异。房产税的征税客体分为经营性用房和非经营性用房，本书主要以后者为研究对象。

的物业税，相应取消有关收费。"① 2011 年 1 月 27 日，重庆市人民政府印发了《重庆市人民政府关于进行对部分个人住房征收房产税改革试点的暂行办法》②，上海市人民政府印发了《上海市开展对部分个人住房征收房产税试点的暂行办法》③，拉开了个人住房征收房产税改革的序幕。2013 年 5 月 18 日，国务院批转的国家发改委《关于 2013 年深化经济体制改革重点工作的意见》④ 中提出扩大个人住房房产税改革试点范围。2013 年 11 月，党的十八届三中全会《中共中央关于全面深化改革若干重大问题的决定》⑤ 中提出加快房地产税立法并适时推进改革。2014 年 11 月 24 日，国务院公布《不动产登记暂行条例》⑥，并于 2015 年 3 月 1 日起施行，这为房产税的扩大征收范围提供了条件。

基于上述背景，本书对房产税财富分配效应与制度创新进行尝试性探讨，有助于厘清房产税对财富分配的影响机理，为房产税改革提供理论支撑与经验依据。

1.1.2 研究意义

1.1.2.1 理论意义

本书的理论意义在于：

---

① http://www.gov.cn/test/2008-08/13/content_1071062.htm.

② 重庆市人民政府令第 247 号：http://www.cq.gov.cn/publicinfo/web/views/Show! detail. action?sid = 1032662.

③ http://www.shanghai.gov.cn/nw2/nw2314/nw2319/nw2404/nw25495/nw25496/u26aw24690.html.

④ http://www.gov.cn/zwgk/2013-05/24/content_2410444.htm.

⑤ http://cpc.people.com.cn/n/2013/1115/c64094-23559163.html.

⑥ 中华人民共和国国务院令第 656 号：http://www.gov.cn/zhengce/content/2014-12/22/content_9325.htm.

一是运用局部与一般均衡分析方法、最优税制理论研究房产税财富分配效应的基本机理，有助于厘清房产税财富再分配机制，并为房产税税收归宿这一重要课题的发展做出理论贡献，有利于促进税收公平理论的发展，拓展了公共经济学的理论研究。

二是运用微观模拟等方法测度房产税的财富再分配效应，采用问卷调查和实验方法测量居民对房产税公平的态度，利用数据定量分析各国房产税实践对财富公平分配的影响，弥补了目前房产税财富分配效应实证分析方面的不足，有助于完善房产税分析方法体系。

三是运用税制改革理论和制度经济学的原理和方法，从房产税制度的变迁路径、制度需求与供给、房产税要素的制度安排、实施机制的构建、相关制度设计等方面进行研究，丰富了税制改革的理论体系。

1.1.2.2　实践意义

近年来，我国地区、城乡、行业及社会阶层间的贫富差距不断拉大，部分社会财富向少数人集中的态势进一步加剧。加快财税体制改革以缩小贫富差距势在必行。房产税改革是我国税制改革的一个重要方面。本书通过构建理论模型证明，房产税有利于政府在财富分配方面实现政策目标，扩展了我国分配调控政策体系的内涵；通过国内外的实证研究和制度创新的探索，有助于客观评价房产税改革方案，为房产税充分发挥财富分配效应提供一个合理的改革思路，并在税率、减免税、征税模式等方面提出具体的政策建议，为政府决策提供参考，推动房产税改革的顺利进行。

1.2 基本概念的界定

1.2.1 房产税及相关概念

1.2.1.1 房产税的定义

按照 1986 年国务院颁布的《中华人民共和国房产税暂行条例》，房产税是以房屋为征税对象，房屋的计税余值或租金收入为计税依据，向产权所有人征收的财产税，具体的征收范围为城市、县城、建制镇和工矿区的经营性房屋。在本书中，房产税同样是指对房屋保有环节的征税。目前，我国对城镇土地征收城镇土地使用税。房屋和土地的价值难以分割，分别设立房产税与城镇土地使用税将二者分开不太合理，而且加大了税收成本。另外，我国的土地归国家或集体所有，居民只有使用权，而没有所有权。因此，可以取消城镇土地使用税，将房屋与土地合并征收房产税。本书中的房产税是指对房屋和土地共同价值的征税。① 房屋包括经营性房屋和非经营性房屋，都是征税对象。在非经营性房屋中，居民个人住房的房产税征收问题是一个重大问题，因此，我们的主要研究对象是对居民个人住房征收的房产税。

---

① 官方文件中对于房地产税收改革在不同时期表述不同，后面将有详细说明。社会各界对具体设置什么税种众说纷纭，争议很多。2012 年 3 月 18 日，国务院《关于2012 年深化经济体制改革重点工作的意见》提出"适时扩大房产税试点范围"。2013年 5 月 24 日，国务院《关于 2013 年深化经济体制改革重点工作的意见》再次提出"扩大个人住房房产税改革试点的范围"。参考以上文件，本书将对房屋和土地共同价值的征税命名为房产税。这里土地的价值是指其使用价值，并非土地买卖的市场价格。

1.2.1.2　房产税与房地产税、不动产税、物业税、财产税的关系

房产税这一概念与房地产税、不动产税、财产税、物业税等概念有着密切的联系。为了避免误解与混淆，下面对它们的内涵与外延进行比较。

1. 房产税与房地产税。

房地产包括房屋及其附属物、土地及其附着物。房屋指人们建造的具有围护和遮盖结构，供人们进行生产、生活和其他活动的空间场所。房屋附属物是指以房屋为载体，增强房屋使用功能的设备和设施。土地是指地表上下一定的空间。土地附着物包括管线设施系统、道路系统和绿化、广场等非房屋公共设施（罗涛、张青、薛刚，2011）。

房地产税是指政府对居民的房地产持有或转让（出售、出租、赠与和抵押等）课税的活动。房地产税有狭义和广义两种含义。狭义的房地产税是指把土地及其附属建筑物作为一个整体征收的财产税。狭义的房地产税与本书的房产税是同一概念。广义的房地产税是与房地产有关的所有税收的一个统称。在我国，广义的房地产税包括与房地产业有关的房产税、企业所得税、营业税、个人所得税等。因此，本书的房产税仅是广义的房地产税的一种。

2. 房产税与不动产税。

不动产指不能移动或移动会改变其性质的有形财产，包括由房屋和土地构成的房地产，以及由非房屋的建筑物、构筑物及其占用的土地等其他不动产。其他不动产可以分为：工业生产建构筑设施、商业旅游娱乐建构筑设施、交通建构筑设施、市政建构筑设施、其他建构筑设施。因此，不动产的范围比房地产大，房地产税是不动产税的一种（罗涛、张青、薛刚，2011）。

3. 房产税与物业税。

物业税这一名词来源于香港地区。香港对房地产征收物业税和差饷。物业税是对用于出租而非自用的土地、房屋和其他建筑物等物业的课税。物业税的计税依据是租金收入扣除差饷和占租金20%的修理、地租等费用后的余额。差饷是对拥有房地产的业主征税，其计税依据是参照业主出租房屋所能获得租金的估算值。房地产不管自用还是非自用都属于差饷的课税范围。可见，香港的物业税属于所得税，差饷属于财产税（蔡红英、范信葵，2011）。

党的十六届三中全会通过的《中共中央关于完善社会主义市场经济体制若干问题的决定》提出"条件具备时对不动产开征统一规范的物业税"。这里的"物业税"实质上是对不动产征收的财产税，和香港的物业税是两种性质不同的税收。这样的提法容易引起混淆，一些学者认为应该改用其他提法，比如"房地产税"或"财产税"（张青、薛刚、李波等，2011）、"不动产税"（谢伏瞻，2006）。因此，内地的房产税属于不动产税，与香港地区的物业税不同，而与差饷类似。

4. 房产税与财产税。

财产税是对纳税人的财产价值课征的税收。纳税人的财产包括动产与不动产。许多国家的财产税收入主要来自于不动产。根据课征方式，财产税可以分为一般财产税和个别财产税。前者对居民所拥有的全部财产课征，后者对房屋、土地、资本等财产分别课征。根据课征对象，财产税可以分为静态财产税和动态财产税。前者是对静态财产的价值课征，后者是对财产继承等转移行为课征（郭庆旺、赵志耘，2010）。房产税属于个别财产税，也属于静态财产税。

1.2.2 公平与分配公平

1.2.2.1 公平及相关概念

1. 公平的定义。

公平的概念被人们频繁使用。据考证，"公平"一词最早是在《战国策》《汉书》《荀子·王制篇》中出现的。《新书·道术篇》把"公平"定义为："兼覆无私谓之公""据当不倾谓之平"（胡斌南、朱延福、朱香蓉等，1989）。《辞海》中这样定义："公平即指按照一定的社会标准（法律、道德、政策等）、正当的秩序合理的待人处事"。由于判断的标准不同，以及对什么是"合理"的认识不同，导致人们对一种状态是否公平常常有不同的理解。

2. 公平与相关概念的关系。

（1）公平与平等。《现代汉语词典》中对平等的定义为："多指人们在社会、政治、经济、法律、文化方面具有相等的地位，没有或否认世袭的阶级差别或专断的特权"。英文中与公平对应的单词是"fairness"，而与平等对应的单词是"equality"。严格说来，平等是一种没有差别的状态。平等有时是公平的一种存在形式。但平等并不一定意味着公平。例如，不管劳动者付出的时间与精力的多少，给予他们完全相等的收入。这样做是平等的，但不是公平的。

（2）公平与正义。《辞海》中这样定义正义："对政治、法律、道德等领域中的是非、善恶作出的肯定判断。作为道德范畴，与'公正'同义，主要指符合一定社会道德规范的行为"。英文中与"正义"相对应的单词是"justice"。判断正义的标准包括一系列范畴。自由、公平、平等、民主等都可以作为判断标准。因此，正义的内涵比公平丰富，公平是正义的一种存在形态。

1.2.2.2 分配公平

判断分配是否公平既受客观因素影响，同时也具有较强的主观性。亚当斯（Adams，1965）提出人们会计算结果（outcome）与投入（input）之比，并与参照对象的这一比值比较。判断公平与否的标准是比值是否相等。多伊奇（Deutsch，1975）总结了十一种判断分配公平的准则，其中，公正（equity）、平等（equality）和需要（need）最为基本。按照公正准则，人们贡献越多，所得应该越多。平等准则指人们应该获得平等的对待。需要准则指根据需要分配资源。分配程序会影响人们对分配结果是否公平的判断。当分配依据的程序不是对自己最有利时，人们可能会感到结果不公平（Folger & Konovsky，1989）。

1.2.3 税收公平

税收公平是税收理论研究的重要课题。衡量税收公平程度可以通过两个基本原则来判断：利益原则（benefit approach）和支付能力原则（ability to pay approach）。

1.2.3.1 利益原则

利益原则要求纳税人根据其从政府提供的公共物品获得的利益而纳税。利益原则意味着两方面的含义：第一，纳税人自愿以税收交换政府的公共物品；第二，纳税人缴纳的税款和从公共物品中得到的利益成比例（Comiez & Herber，1972）。

利益原则对于税收结构设计是重要的，但是存在一些缺陷。一是由于公共物品的非排他性和非竞争性，政府很难知道个人获得的利益大小，人们也可能出于自利动机选择"搭便车"，不愿自愿支付税收。二是按照利益原则无法筹集转移支付需要的税收，也就不能解决再分配问题（郭庆旺、赵志耘，2010；理查德·A.马斯格雷夫、佩吉·B.马斯格雷夫，2003）。

1.2.3.2　支付能力原则

支付能力原则要求纳税人按照支付能力纳税。支付能力相同的人应当缴纳数额相同的税收，支付能力较高的人应当缴纳较多的税收。一般将前者称为横向公平，将后者称为纵向公平。

在税收文献中，衡量支付能力的标准分为主观和客观两种。主观说认为，税收公平意味着人们纳税造成的效用损失均等。主观说的代表性观点是牺牲说。约翰·斯图亚特·穆勒（1936）提出均等牺牲说，即税收公平就是每个纳税人因纳税而损失的总效用相同。这种观点被称为绝对牺牲原则，后来，学者们又提出比例均等牺牲和边际均等牺牲原则。比例均等牺牲原则指纳税人由于纳税而损失的总效用与税前的总效用之比相同。边际均等牺牲原则指纳税人缴纳最后一单位税收而损失的边际效用相同（理查德·A.马斯格雷夫、佩吉·B.马斯格雷夫，2003）。

客观说主张支付能力的大小应依据人们得到的全部福利来确定。所得、消费、财富都可以被用作衡量人们福利的标准。哪一个标准更有利于实现公平呢？

1. 所得标准。

个人的综合所得扣除一定的成本和负担常常被认为是符合公平标准的税基。综合所得包括个人增加的货币收入（如工资、利息或股利），也包括没有经过市场交易但可以视同获得的收入（如居住在自有房屋中视同获得的租金），还包括拥有资产的增值。所得标准在现代国家被广泛运用，但是所得标准存在一些不足：第一，由于人们对工作和闲暇的偏好有差异，根据综合所得课税常常不符合横向公平标准；第二，对股息和利息所得征税会降低储蓄规模；第三，在许多发展中国家，由于技术水平限制和征管制度不够健全，全面获取所得数据存在较大困难。

2. 消费标准。

消费包括购买行为和视同购买行为。按照消费标准，没有投入消费的收入不被征税。消费税对储蓄不征税，不会影响人们的储蓄水平。以消费作为税基也不计算没有实现的资本利得，降低征税成本。消费税的缺陷在于计算消费支出的成本相当高。

3. 财富标准。

财富也可以作为课税基础。财富是存量，理论上是未来所得流量的现值。因此，对财富课税相当于对未来所得课税。人们比较关注财富不公平带来的权力分配的不公平。累进的财富税可以降低不公平感。不过由于对财富存量的估价比较困难，可能造成税收管理成本很高。

可见，上述三种标准都在一定程度上有利于实现公平。在设计税制时，政府需要考虑社会的经济结构和政治结构，综合采用各种标准。（理查德·A. 马斯格雷夫、佩吉·B. 马斯格雷夫，2003；郭庆旺、赵志耘，2010）

1.3 文献综述

1.3.1 房产税分配效应研究

房产税的税收归宿问题是探讨房产税财富分配效应的基础。关于房产税的税收归宿，国外学者主要有三种观点。这三种观点对于房产税是否具有累进性存在不同看法，相应地，对房产税是否有利于分配公平也有所争议。

1.3.1.1 传统观点

关于房产税税收归宿的第一种观点是"传统观点"（traditional view）。西蒙（Simom，1943）和内策尔（Netzer，1966）利用局部均衡方法分析了房产税对地方房屋市场的影响。他们的分析表明：由于在长期中资本具有流动性，资本所有者不承担房产税，房产税完全由房屋的消费者负担。由于房屋支出占收入的比例随着收入的增加而下降，因此房产税在一定程度上具有累退性，不利于分配公平。长期以来，房产税具有累退性的观点被许多研究者所认同（Fisher，2007）。

1.3.1.2 新观点

第二种观点是"新观点"（new view）。新观点最早由闵可夫斯基（Mieszkowski，1972）提出。闵可夫斯基认为，传统观点的局部均衡分析有严重缺陷，因为他们没有考虑所有辖区均有房产税这一事实。他的研究表明，资本所有者作为一个整体负担了全国房产税的平均税负。由于高收入家庭的资产多，他们承担的税赋也多，所以房产税具有累进性。亚伦（Aaron，1975）的报告也指出，在某些情况下房产税是累进的。后来，乔德罗夫和闵可夫斯基（Zodrow & Mieszkowski，1983）将新观点和受益观点结合起来，在上述模型的基础上进行了拓展。他们的研究表明，不同地区房产税的差异产生了两种效应：一种是"利润税效应"，即从全国看，房产税使得资本的平均收益降低，这对分配的影响是累进的；另一种是"流转税效应"，房产税导致了各地区生产要素和房屋价格发生变化，对分配的影响是不确定的。如果利润税效应占据主导地位，那么房产税就具有累进性。房产税具有累进性的观点说明其有利于分配公平。

1.3.1.3 受益观点

第三种观点是"受益观点"（benefit view）。该观点认为房产税是居民购买教育和治安等公共服务的成本。汉密尔顿（Hamilton，1975，1976）在蒂伯特（Tiebout，1956）模型的基础上提出了这一观点。菲谢尔（Fischel，1992，2001）拓展了汉密尔顿模型，进行了更为深入的阐述。他认为区域规划法的限制和辖区竞争使房产税转化为受益税。奥兹（Oates，1969）以及塞布拉、弗利和胡梅斯（Cebula，Foley & Houmes，2011）证明了房产税会资本化在房价中。根据"受益观点"，房产税仅是一种使用费，不是资本税，对资源配置不会产生任何扭曲，不会产生再分配效应。

笔者认为，有关房产税的上述三种观点并不是互相排斥的。从不同角度看，每种观点都可能成立。在不同的约束条件下，适用不同的模型。居民缴纳的房产税与所享受的公共服务之间的联系往往很脆弱。因此"受益论"的观点很少得到实证分析的支持。房产税具有累退性是基于局部均衡分析理论框架而得出的。但房产税对一个国家的经济影响比较广泛，仅仅考察一个市场的状况是不够的。通过一般均衡分析，我们能更全面地了解房产税的经济效应。近几十年来，越来越多的学者基于一般均衡模型的理论框架进行分析，得出房产税具有累进性的结论。一些实证研究也为这种观点提供了证据。例如，史密斯（Smith，2008）利用芝加哥的数据说明房产税具有累进性。艾伦和戴尔（Allen & Dare，2009）的实证分析发现，限制房产税税基增长会导致累进程度降低。因此，通过适当的制度设计，房产税能起到促进财富公平分配的作用。

1.3.2　中国房产税改革研究

近年来，国内关于房产税改革的研究很多。根据本书的研究主题，下面对房产税的调节贫富差距以及制度设计的文献进行总结。

1.3.2.1　房产税对分配公平的影响

对于房产税的分配效应，学者们的观点大致可以分为两类。

1. 房产税难以起到调节分配不公的作用。

持有这种观点的学者主要从三方面论证了在我国的现实状况下，房产税无法对分配不公起到调节作用。一是房产税不应作为全国性和省市级税收用来调节分配不公（夏商末，2011）；二是由于财产性收入在城乡居民总收入中的比重较小，房产税即使具有累进性，在目前也很难具有收入分配效应（郭宏宝，2011）；三是由于房产税占全国税收收入比重小，所以难以发挥缩小贫富差距方面的作用（陈小安，2011）。

2. 房产税对于调节分配不公具有重要作用。

一些学者指出，房产税改革对于调节分配不公具有重要作用。以房产为主体的财产性收入在居民家庭收入中所占份额及其对贫富差距的影响呈上升趋势。财产占有不均带来的收入分配不均问题正上升为分配不公的主要现象。因此，以社会公平为基本价值取向尽快进行房产税改革，是缓解目前贫富差距拉大趋势的重要政策手段。房产税改革还可以有效弥补个人所得税在调节收入分配差距方面的局限性，有效改善分配领域中的不公平状况（刘明慧，2009）。开征房产税并将其优先用于住房保障体系有利于分配公平（贾康，2011）。因此，房产税是调节贫富差距的重要税种。

上述两种观点都有不少支持者。笔者认为，第一种观点的论断是值得商榷的。第一，房产税尽管是地方税种，但同样具有调节分配不公的功能。地方政府通过累进性税率可以缩小辖区内居民的贫富差距。如前所述，房产税的累进性已经被一些实证研究所证实。第二，虽然目前房产税筹集的收入在整个税制体系中份额很小，但通过房产税改革，随着财产性收入在城乡居民总收入中的比重逐步提高，房产税筹集的收入会比现在大大增加，可以较好地起到缩小贫富差距的作用。

第二种观点看到了房产税对于改善我国分配领域中不公平状况的作用，但还存在着一定的局限性。从理论上说，房产税可能有三方面的功能：获取财政收入、改善分配不公、调控房屋价格。持第二种观点的学者基本上都认为，应该把改善分配不公和实现其他一种或两种功能结合起来，共同作为房产税改革的主要目标。然而，正如后面我们将要论述的，这样的目标定位在短期内不太符合我国国情。

1.3.2.2 促进分配公平的房产税制度设计

学者们对房产税的制度设计做了很多探讨。下面主要从促进分配公平的角度进行综述。

1. 课税对象。

（1）农村是否纳入征税范围。一种观点认为，应该将农村地区的房产纳入征税范围，作为地方税收入的稳定来源（冯源、庞炜，2007）。对于这一问题，有些学者持不同观点。他们认为，由于农民的收入水平很低，经济负担重，对农村住宅开征房产税是不合理的（左莉莉，2005）。

（2）存量房与增量房征税的公平问题。有学者指出，在现行房地产税费制度下，政府所收取的房地产税费中实际上已经包含70年房产税。因此，在土地使用权有效期内向存量房征收房产税属于重复征税。在这种情况下，存量房和增量房之间存在横向不公平（王智波，2011）。

2. 税率。

（1）税率的决策主体。应该由哪一级政府来制定税率？由中央政府制定税率可以避免税收竞争，但中央政府很难详细掌握地方的需求、经济特征、政治文化等信息（Gary，2005）。而如果地方政府拥有制定税率的权力则可以做到"以支定收"，使得财政收支更好地对应（丁成日，2007）。

（2）是否实行分税率。一些学者认为，对土地和房产实行分税率能提高土地使用效率、保护环境和缓解城市扩张，同时能保持税收中性和使超额负担最小化（Dye，Richard & Richard，2009；Cohen & Coughlin，2005）。尽管这样，对房产税实行分税率可能存在一些困难。在从统一税率转向分税率的过程中，由于一般土地的税率更高，房产税负担的重新分配会引起拥有较多土地的房主的反对（Dye，Richard & Richard，2009；Chapman & Facer，2005；Richard，2004）。另外，对许多房主来说，土地价值税是累退的，因此不利于收入分配公平（England & Zhao，2005；Bowman & Bell，2008）。

（3）税率的计算方式。裴思珺和屠梅曾（2009）提出，综合考虑政府财政收入和税收负担两方面因素，得到房产税税率的合理范围。虞燕燕（2007）认为，"以支定收"法适用于税制成熟以后，根据税收中性原则设计税率适用于征税初期，根据居民承担能力设计税率在征税初期和税制成熟后都适用。

3. 税收优惠。

房产税的税收优惠方式也是一个颇有争议的话题。朱明熙

（2012）认为，应规定人均 30～40 平方米的免税面积。贾康（2012）认为，免征额应为每人 30 平方米。

对我国房产税制度设计的研究成果相当丰富，但存在对我国房产税改革的目标定位不够准确的问题，较少基于促进财富公平分配目标进行系统性设计，同时实证研究的不足影响制度设计的合理性。①

综上所述，现有研究对房产税财富分配效应已取得了一些成果，为本书提供了许多研究路径与研究方法方面的重要启示。但国外学者大多是基于西方发达国家的研究，对发展中国家房产税的财富分配效应和制度设计研究较少。国内目前对房产税财富分配效应的系统研究还比较薄弱，而且现有研究多注重理论探讨，基于我国相关数据的实证研究还十分匮乏。由于存在上述不足，亟需结合我国的经济与社会环境，利用相关数据对房产税财富分配效应问题进行深化研究。

1.4   研究思路与研究方法

1.4.1   研究思路

本书以税收归宿理论与最优税收理论为基础，以官方统计数据、社会调查及实验数据作为实证分析的数据来源，以房产税改革的财富分配效应为研究线索，按照构建理论框架、实证研究、政策建议的基本思路展开。本书的主要内容如图 1.1 所示。

---

① 在后面的分析中将对房产税制度设计进行详细的探讨，此处只是做一个简单的述评。

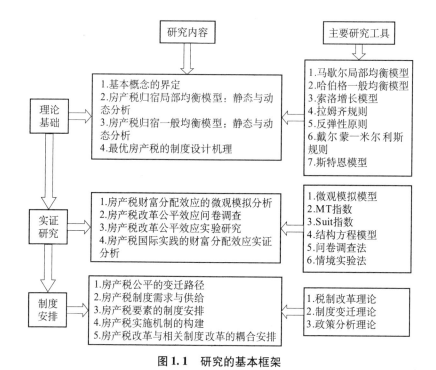

图 1.1　研究的基本框架

1.4.2　研究方法

1. 理论研究。

运用局部与一般均衡分析方法、静态与动态分析方法、最优商品税理论、最优所得税理论研究房产税财富分配效应及制度创新的基本机理。

2. 实证研究。

运用 MT 指数、Suit 指数和微观模拟方法测度房产税的财富再分配效应，采用 Likert 量表、结构方程模型、情景实验等方法进行问卷调查和实验研究，测量居民对房产税公平的态度。

3. 对策研究。

运用税制改革理论、制度变迁理论、政策分析理论，探索促进财富公平分配的房产税制度变迁的路径选择、具体制度构建与相关制度的耦合。

1.5 结构安排

第1章是导论，介绍了研究背景与研究意义，对基本概念进行界定，进行文献综述，并阐述本书的研究思路、研究方法、结构安排、基本观点与创新点。

第2章是房产税财富分配效应作用机理分析，分别运用局部均衡分析和一般均衡分析方法，研究房产税的转嫁与归宿规律，拓展前人关于最优商品税和最优所得税的研究，探讨最优房产税的制度设计机理。

第3~6章对房产税财富分配效应进行实证研究。第3章运用微观模拟模型分析房产税改革对财富分配的影响。第4章设计 Likert 量表调查我国居民对房产税公平的态度，利用结构方程模型（SEM）等工具进行多元统计分析。第5章设计实验考察中国被试对房产税公平的态度。第6章以美国、英国、中国香港地区为例，基于房产税实践对财富公平分配的影响进行实证分析，发现房产税改革可资借鉴的经验。

第7章研究促进财富公平分配的房产税制度创新，分析房产税制度变迁的路径，提出未来房产税改革的路径选择，研究有利于实现财富公平分配目标的房产税要素的制度安排，构建房产税的实施机制，研究房产税与土地出让金、个人所得税和遗产税等相关制度的耦合安排。

第8章对本书的工作和结论进行总结。

1.6 研究的基本观点与创新点

1.6.1 研究的基本观点

1.6.1.1 现阶段房产税改革应该以财富公平分配作为主要目标

在当今中国,房产税对财富分配效应的影响机制如何?在目前的房地产税制改革过程中,是否应该将财富公平分配作为房产税改革的主要目标呢?

从理论上说,房产税具备三方面的目标职能:筹集政府财政收入、改善财富分配不公、调控房地产市场价格。在我国目前的社会经济环境下,应该把调节贫富差距作为房产税制度设计的最重要的目标,其他两个目标处于次要地位。如果在现阶段房产税改革中,把获取财政收入、改善分配不公、调控房屋价格都作为主要目标,那么会导致没有一个目标能有效实现。

1. 房产税难以作为地方财政收入的主要来源。

首先需要说明的是,在我国的行政级次中,一般将省级及省级以下政府称为地方政府。而在西方国家,地方政府一般指省级以下政府。为了和有关文献相对应,本书中的地方政府是指省级以下政府,例如县、县级市、直辖市下属的区政府等。在国内的研究中,很多学者将地方财政收入视同省级及省级以下政府的财政总收入,在此基础上研究房产税是否能作为地方财政收入的主要来源。而从国际经验来看,在很多国家,房产税是省级以下(不包括省级)政府财政收入的主要来源,几乎没有哪个国家的房产税成为省级政府财政收入的主要来源。以美国为例,2002年,以房产税为主的财产税占县、市、镇等地方政府总收入的27.1%，占州级政府总收入的0.9%；财产税占地方政府税收收入的72.9%，占州级政府税收收入的1.8%（Fisher，2007）。可见，房产税是美国地方政府财政收入的主要来源，而在州级政府财政收入中所占比例很小。

在我国，房产税显然无法作为省级政府财政收入的主要来源，也难以起到省级以下地方政府财政收入主要来源的作用。究其原因，主要涉及两个问题。

（1）土地出让金制度的改革问题。一种流行的观点是我国可以借鉴美国等西方发达国家的模式，用房产税弥补地方财政收支缺口，使其成为地方税体系中的主体税种。在中国的国情下，上述目标能实现吗？赞成的观点认为，可以将土地出让金从年租制改为批租制，改变"土地财政"的状况，从而从根源上化解财政风险，使地方政府获得稳定的收入来源（白彦锋，2012）。

反对的观点认为，短期内房产税难以作为地方财政收入的主要来源。分摊征收土地出让金的房产税改革方案，在短期内将会恶化财政收支缺口（巴曙松，2011）。如果按照目前上海、重庆的房产税征收方案，房产税对于地方财政收入的改善作用不大，且在短期内可能由于中央与地方政府之间的博弈进一步削减其作用（郭玲、刘跃，2011）。

事实上，目前将土地出让金改为年租制，不是满足激励相容约束的方案，可操作性不强。改革后需要每年向房地产拥有者征收土地出让金。在直接征税机制尚不健全的情况下，征收难度极大，可能导致地方财政状况的恶化。

（2）税率的确定问题。如果将房产税作为市县级政府的主体税种，并由中央政府统一确定税基，那么税率的确定存在两种方式。一种是目前房产税税率的确定方式，即由政府部门综合考虑纳税人的负担、房产税所带来的财政收入等因素，确定一个税率。

采用这种方式可以长期保持税率不变。第二种方式是根据本级政府当年的财政收支缺口和辖区内税基总量，计算出需要采用的税率。运用这种方式需要每年都计算税率。

无论采用哪一种方式，其可行性都存在一定问题。如果采用目前税率的确定方式，房产税若要成为地方政府的主体税种，必然要求其覆盖面比较广，税率也要定得比较高。由于房产税征收对象数量很大，而且是直接对财富存量征税，这就对征管水平与纳税人的配合提出了比较高的要求。我国目前的税收征管体系在此方面还难以胜任。如果采用第二种方式，房产税负担容易被居民认为缺乏公平性，从而导致遵从度较低。

因此，在一段时期内，房产税难以作为地方财政收入的主要来源。只有当税收征管制度更加健全以后，房产税才有可能作为地方财政收入的主要渠道。

2. 调控房价不宜作为房产税改革的主要目标。

目前，房价问题是全社会关心的重大问题之一。学者们就房产税改革对房价的影响做了一些研究。龚刚敏（2005）基于购房者为理性人的假设，推导出房产税的实行会导致房价下跌。况伟大（2009）通过实证分析表明，在中国，房产税对抑制房价上涨具有一定作用。一些学者不同意上述观点。例如，夏商末（2011）认为，从一般均衡角度分析，房产税对房价的影响不确定。陈小安（2011）认为，房产税对投资行为有抑制作用，但未必能降低房价，甚至可能推高房价。

如前所述，大量的研究表明，税收资本化确实存在，房产税具有降低房价作用的观点更具有说服力。尽管如此，调控房价不宜作为房产税改革制度设计的主要目标。在我国，造成房价上涨的因素颇多：一是城市化进程使得大量人口进入城市，住房需求增加，土地供给却很有限；二是住房保障体系不健全，很多低收入家庭无法得到廉租房等形式的社会救济；三是由于我国城市土地属于国有性质等原因，房地产市场的垄断性较强，存在超额利润；四是由于金融体制不健全，投融资渠道不畅，投资渠道少，房地产市场成为投资的重要领域；五是金融管理机构实行宽松的货币政策，使得流动性泛滥，导致资产泡沫膨胀。上述各种因素造成了住房的供不应求，开发商、房产购买者、政府、银行等多主体共同行为的结果使房价不断上涨。

由于房产税对房价的影响并不大，政府很难凭借房产税来有效调节房价。在相对较低的税率下，如果投资者预期房价上涨幅度远远超过房产税税率在内的投资成本，试图运用房产税政策来降低房价无法达到预期的效果。当然，也许一个相当高的房产税税率会使得房价大幅度降低。然而，过高的税率会引发一些政治、社会方面的问题，事实上是不可行的。因此，房产税改革的主要目标不应该是作为抑制房价泡沫的工具。

3. 促进财富公平分配应作为目前房产税改革的主要目标。

既然获取财政收入和调控房屋价格都不适宜作为房产税改革的主要目标，那么促进财富公平分配可以作为房产税改革的主要目标吗？

（1）贫富差距较大的现状决定促进财富公平分配的必要性。目前，我国贫富差距较大。根据历次中国家庭收入调查（CHIP）数据的估算，1988～2005年，全国收入基尼系数从0.382上升至0.445（赵人伟、李实，1997）；2002～2007年，从0.455上升至0.478（李实、佐藤宏、史泰丽，2013）。据西南财经大学《中国家庭收入差距报告》显示，2010年，我国家庭收入基尼系数为0.61，大大高于0.44的全球平均水平。① 根据中国家庭追踪调查

① 西南财经大学中国家庭金融调查与研究中心2013年研究报告，http://chfs. swufe. edu. cn/Upload/中国家庭收入差距报告. pdf.

数据（CFPS）的估算，2010～2012 年的收入基尼系数大概在 0.53～0.55 之间（Xie & Zhou，2014）。如前所述，财产分布的不平等程度也在不断加大。政府应该制定政策促进财富公平分配。

（2）促进财富公平分配作为房产税改革主要目标的必要性。财税政策是各国进行再分配以缩小贫富差距的重要工具。其中，个人所得税是许多国家调节收入分配差距的有力工具。但在我国，个人所得税对收入分配的调节作用却很有限。徐静和岳希明（2013）使用 2002 年和 2007 年城镇住户调查数据对个人所得税的再分配效应进行分析，发现个人所得税虽然降低了城镇居民收入不平等，但是幅度非常小，以至于可以忽略不计。李青（2012）基于王小鲁（2010）的测算数据所进行的计算表明，由于巨额隐性收入与灰色收入的存在，个人所得税的累进性相对较弱，甚至表现出累退性。

由于个人所得税的局限性，需要考虑在存量环节征税调节贫富差距。目前，财产性收入在城乡居民总收入中的比重不大，但近年来，居民财产性收入增长速度很快。2003～2006 年，城镇居民工资性收入平均增长 10.1%，财产性收入平均增长达 20.2%（陈建东，2009）。房地产已成为高收入阶层投资的重点，中德安联人寿保险有限公司发布的《中国富裕人士财富报告》显示，在富裕人士的总资产中，房产价值占比突出，高达 60%～80%。① 因此，以促进财富公平分配作为房产税改革主要目标已经具有一定基础。对住房财富课征的房产税由于其自身特征，可以起到和个人所得税相配合、弥补其不足以缩小贫富差距的作用。

综上所述，目前中国的特殊国情决定了在相当长一段时期内，房产税改革的主要目的是缩小贫富差距，次要目标是增加地方政

---

① 中德安联发布《中国富裕人士财富报告》，http://www.allianz.com.cn/company-news-info.php? newsid = 19649，发布时间：2011-12-06.

府财政收入与抑制投机需求以调控房价。

1.6.1.2 房产税具有促进财富公平分配作用

局部均衡分析表明，对自用住房课税，如果采取累进税率和减免税收措施，有助于实现财富分配公平；对出租和出售的住房，采用比例税率，税收归宿取决于供求双方的弹性，累进性无法确定。① 局部均衡分析存在一定局限。采用一般均衡分析方法可以得出，房产税无论作为一般要素税或局部要素税，都会减少资本所有者的福利，一般情况下有利于财富分配公平。

通过微观模拟测度房产税再分配效应，表明居民税后财富集中度较税前下降，财富分配更加公平。问卷调查和情景实验的结果表明，居民的房产税公平感主要由横向公平、支出公平和行政公平三个维度组成，以财富公平分配为导向的房产税设计方案和实施机制能够提高居民公平感。

美国、英国和中国香港地区的房产税制度对于财富分配公平并没有起到良好的效果。之所以出现这样的结果，主要与开征房产税的目标、税率的设计和税基评估方式有关。在房产税改革中汲取其他国家和地区的经验教训，可以使房产税在缩小贫富差距方面发挥有效的作用。

1.6.1.3 房产税制度设计需要有效发挥促进公平分配的作用

房产税改革应该采取渐进式变迁方式逐步推进，并需与土地出让金、个人所得税、遗产税等相关制度协调，才能有效发挥税收促进公平分配的作用。

首先，短期内应该把调节贫富差距作为房产税制度设计的最

---

① 如果采用累进税率和规定免税面积，税负比较容易具有累进性。

重要目标，获取财政收入和调控房屋价格这两个目标处于次要地位。为了确保房产税改革达到理想的结果，可以将坦兹提出的诊断税收制度的八种指标运用到政策制定中。

其次，从有利于实现财富公平分配目标出发制定房产税要素。在课税对象方面，对存量房与增量房都应征税，对房产与地产统一征税；在计税依据方面，按评估价值计税；在税率方面，由中央政府确定房产税税率幅度，地方政府根据当地情况确定适当的固定税率。为了调节贫富差距，名义平均税率应当制定得高一些，并实行超额累进税率。不同产权类型的房产应该适用统一的税率。在税收优惠方面，短期内应对农村居民免征房产税，对政府所有的和用于公益事业的房产免税，每人的免税面积不宜过多。为了保障低收入人群的利益，引入税收"断路器"机制。在税收用途方面，将房产税收入优先用于保障房建设和市政建设。

1.6.2　研究的创新点

1. 理论分析的创新。

本书对现有文献中的房产税局部均衡分析和一般均衡分析方法进行拓展，深入分析房产税的转嫁与归宿规律；拓展前人关于最优商品税和最优所得税的研究，探讨最优房产税的制度设计机理。本书的理论拓展分析深化了对房产税财富分配效应机理的研究。

2. 实证分析的创新。

本书运用 MT 指数、Suit 指数和微观模拟方法测度房产税改革的财富再分配效应；采用问卷调查和实验方法测量居民对房产税改革的公平分配效应的态度；利用数据定量分析各个国家和地区的房产税实践对财富公平分配的影响。本书基于实际和模拟数据，尝试采用上述方法进行研究，一定程度上弥补了目前房产税财富分配效应实证分析的不足。

3. 制度分析的创新。

本书运用制度经济学和税制改革理论的原理和方法,研究缩小贫富差距的房产税制度变迁路径;探索计税依据、税率结构、税收优惠等要素的制度设计;研究房产税实施机制的构建,提出完善不动产登记制度、房产税税基评估制度、房产税征管制度;研究房产税与土地出让金、个人所得税和遗产税等相关制度的耦合安排。本书为设计促进财富公平分配的房产税制提供了具体思路,具有较强的应用性。

第2章 房产税财富分配效应作用机理分析

要研究房产税改革的财富分配效应，需要建立一个理论框架。财富分配效应的实质是税收归宿问题。分析房产税归宿有助于房产税改革的制度设计并对政策效果进行评判。而最优税收理论对于房产税制度设计也具有重要的参考价值。因此，本章尝试从上述方面探讨房产税财富分配效应的理论依据，这些工作为后面的实证分析与制度构建奠定基础。

本章的结构安排如下：2.1节运用局部均衡分析方法讨论房产税的经济归宿；2.2节采用一般均衡分析方法考察房产税对相互关联的各个市场的影响，重点关注房产税的财富分配效应；2.3节探讨最优房产税的制度设计机理；2.4节是本章的结论及政策含义。

2.1 房产税归宿的局部均衡分析

本节运用局部均衡分析方法讨论房产税的经济归宿，分别进行比较静态分析与动态分析。对房产课税有两种方式：从量税和从价税。在现代社会中主要以从价税为主，所以本章一般只分析征收从价税的情况。[①]

2.1.1　静态局部均衡分析

居民持有住房的用途可以分为三类：自用、出租、出售。我们分别考虑在这三种情况下课征房产税的税收归宿及其对财富分配的影响。

2.1.1.1　对自用住房课税

如果住房所有者在购买住房前已经预料到未来将要缴纳的房产税，那么税收将根据供求双方的价格弹性由两者共同承担。这种情况下，房产税是否具有累进性没有确定性的答案。[②]

如果住房所有者在购买住房前没有预料到未来将要缴纳的房产税，住房所有者短期内难以转嫁房产税，完全承担房产税。房产税的法定归宿与经济归宿一致。如果采取累进税率以及减免税收措施，有助于实现财富分配公平。

2.1.1.2　对出租住房课税

用于出租的住房会因市场供给弹性和需求弹性的不同实现不同程度的转嫁。为分析方便，下面假定需求曲线不变，只根据供给弹性的不同状况进行分析，分为住房供给无弹性、缺乏弹性、富有弹性和完全弹性四种情况。

1. 住房供给无弹性情形下的税收归宿。

如图2.1所示，假设住房供给无弹性，征税前的均衡点是 F_0（P_0、Q_0），现假设对住房供给者征收房产税。税收政策的变化不

---

① 野口悠纪雄（1997）和陈多长（2005）的研究对本节理论模型的建立有所启发。
② 参见本节后面对出售住房课税的分析。

会改变住房租赁市场的边际需求，又因住房不同于其他产品能够在短期内生产建造，因此，住房供给者无法在短期内改变住房的供给量，税收负担全部由住房供给者承担。如果对供给者征税，征税前后租赁需求曲线 D 和供给曲线 S 是没有发生变化的，但是对于住房供给者而言，所获得价格会因此减少。假设税率为 t，则住房供给者承担的单位面积的房产税为：$T = tP_0$，获得的单位面积税后收入为：$P_1 = P_0 - tP_0 = (1 - t) P_0$。总体来看，租赁市场的住房供给者比需求者拥有的财富更多，所以前者承担税负更有利于财富分配公平。

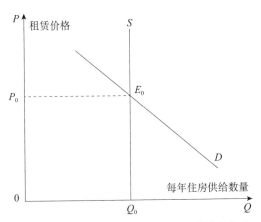

图 2.1   租赁市场供给无弹性情形下的税收归宿

2. 住房供给缺乏弹性情形下的税收归宿。

如图 2.2 所示，假设住房供给缺乏弹性，征税前的均衡点 E_0（P_0、Q_0）。现假设：住房供给弹性为 η，住房需求弹性为 ε，且满足 $\eta < \varepsilon$；对住房供给者征收房产税，税率为 t。征税使得住房供给曲线上移至 S_1，并且更加陡峭。征税后市场均衡点为 E_2。供给者单位面积缴纳的税收为：

$$T = tP_1 \qquad (2.1)$$

租赁需求者支付的单位面积租金为 P_2，供给者得到的税后租

金为 P_1。两者的关系为：

$$P_2 = P_1 + tP_1 = (1 + t) P_1 \qquad (2.2)$$

根据供给弹性定义可得：

$$\eta = \frac{Q_0 - Q_1}{P_0 - P_1} \cdot \frac{P_0}{Q_0} \qquad (2.3)$$

根据需求弹性定义可得：

$$\varepsilon = \frac{Q_0 - Q_1}{P_2 - P_0} \cdot \frac{P_0}{Q_0} \qquad (2.4)$$

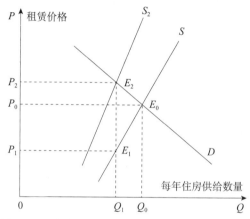

图 2.2 租赁市场供给缺乏弹性情形下的税收归宿

将式（2.3）与式（2.4）左右两边分别相除：

$$\frac{\eta}{\varepsilon} = \frac{P_2 - P_0}{P_0 - P_1} = \frac{(1 + t) P_1 - P_0}{P_0 - P_1} \qquad (2.5)$$

由此可得双方的税收负担分别为：

租赁供给者：

$$P_0 - P_1 = \frac{t\varepsilon P_0}{\eta + (1 + t)\varepsilon} \qquad (2.6)$$

租赁需求者：

$$P_2 - P_0 = \frac{t\eta P_0}{\eta + (1 + t)\varepsilon} \qquad (2.7)$$

租赁双方的税收负担由税率和供求弹性共同决定。

①如果供求弹性不变，租赁双方的税收负担都与税率 t 正相关。

②假设住房供给弹性不变，当税率 t 既定时，ε 越大，$P_2 - P_0$ 越小，租赁需求者税负越少，同时 $P_0 - P_1$ 越大，租赁供给者税负越多。即住房租赁需求弹性越大，需求者负担的税收份额越小，供给者负担的税收份额越大。

③假设住房租赁需求弹性 ε 不变，当税率 t 既定时，η 越大，$P_0 - P_1$ 越小，供给者税负越少，同时 $P_2 - P_0$ 越大，租赁需求者税负越多。即住房供给弹性越大，供给者负担的税收份额越小，租赁需求者负担的税收份额越大。

如果住房供给缺乏弹性，且满足 $\eta < \varepsilon$，住房租赁供给者负担的税收份额比需求者多。由于住房租赁供给者比需求者拥有的平均财富更多，供给者承担更多税负有利于财富分配公平。

3. 住房供给富有弹性情形下的税收归宿。

如图 2.3 所示，假设住房供给富有弹性，征税前的均衡点 E_0（P_0、Q_0）。现假设：住房供给弹性为 η，住房租赁需求弹性为 ε，且满足 $\eta > \varepsilon$；对住房供给者征收房产税，税率为 t。征税使得住房供给曲线上移至 S_1。征税后市场均衡点为 E_2。

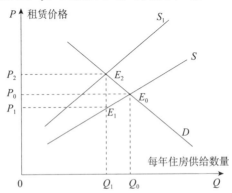

图 2.3　租赁市场供给富有弹性情形下的税收归宿

如前所述，可得双方的税收负担分别为：

租赁供给者：

$$P_0 - P_1 = \frac{t\varepsilon P_0}{\eta + (1+t)\varepsilon} \qquad (2.8)$$

租赁需求者：

$$P_2 - P_0 = \frac{t\eta P_0}{\eta + (1+t)\varepsilon} \qquad (2.9)$$

由于 $\eta > \varepsilon$，所以供给者负担的税收份额比需求者少。由于住房供给者比需求者拥有的平均财富更多，供给者承担更少税负，不利于财富分配公平。

4. 住房供给完全弹性情形下的税收归宿。

在长期情况下，可以将住房市场视作资本市场的一部分。资本可以建造和供给各种建筑物以供应租赁市场，也可以用于其他投资领域。资本的价格是其边际产品价值。从长期来看，建筑业厂商可按照资本的市场价格获取任意数量的资本以提供任意数量的住房。因此，住房的长期供给曲线是一条平行于横轴的直线，如图 2.4 所示。在未征税时，住房的供给量为 Q_0，价格为 P_0。当对住房供给者征收一定的房产税后，住房供给曲线向上平移 tP_0。

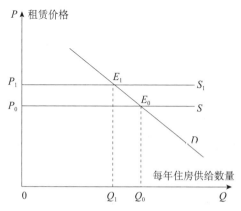

图 2.4   租赁市场供给完全弹性情形下的税收归宿

由于住房供给是完全弹性的，供给量减少为 Q_1，均衡价格上升为 P_1。通过以上变化可知，课税会导致住房的供给量下降且住房租赁需求者支付的金额增多，住房供给者在征税前后所得的价格没有发生变化，税负全部由住房租赁需求者承担。由于平均而言，住房租赁需求者比供给者拥有财富较少，因此房产税具有累退性。

2.1.1.3 对出售住房课税

对用于出售的住房课税，其税收效应和租赁市场有类似之处，即税收归宿取决于供求双方的弹性，不过也有不同之处。与分析租赁市场一样，我们只分析住房供给弹性不同状况下的税收归宿。为分析方便，我们只考虑房地产二级市场①的情况。

1. 住房供给无弹性情形下的税收归宿。

如图 2.5 所示，短期内用于出售的住房数量可以视为固定的，

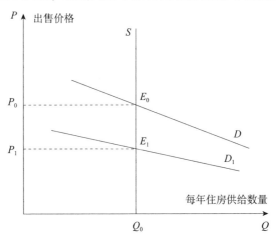

图 2.5   住房买卖市场供给无弹性情形下的税收归宿

———————

① 房地产一级市场是政府将国有土地出让给使用者的市场。房地产二级市场是新建房地产首次进入流通领域交易而形成的市场。房地产三级市场是购买房地产的业主通过出售或租赁等方式使得房地产再次进入流通领域而形成的市场。

征税前的均衡点是 E_0（P_0、Q_0）。如果对住房征收房产税，由于买方会预期到未来会承担税负，因此其需求曲线会向左下方移动，移动数额是在各个价格水平所有未来应纳税额的现值。征税后的均衡点是 E_1（P_1、Q_0）。住房的市场交易价格下降，下降数额是买方所有未来应纳税额的现值。尽管房产税由买方在以后年份缴纳，但税收负担完全由住房供给者承担，这里的住房供给者是房地产开发商。相对于住房购买者来说，房地产开发商占有大量资本，其平均财富水平远高于前者。税收负担由住房供给者承担，房产税具有明显的累进性。

2. 住房供给缺乏弹性情形下的税收归宿。

在住房供给缺乏弹性情形下，住房供给曲线将比较陡峭。如图2.6所示，征税前的均衡点是 E_0（P_0、Q_0）。如果对住房征收房产税，需求曲线会向左下方移动，征税后的均衡点是 E_1（P_1、Q_1），住房的市场交易价格下降。尽管房产税由买方在以后年份缴纳，但税收负担由住房供给者和住房购买者共同承担。与租赁市场类似，如果住房供给弹性小于住房需求弹性，住房供给者承担的比例比购买者承担得更多，税收归宿具有较强的累进性。

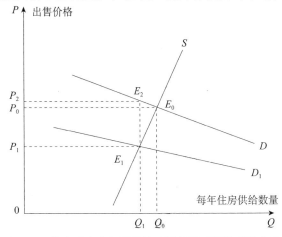

图2.6 住房买卖市场供给缺乏弹性情形下的税收归宿

3. 住房供给富有弹性情形下的税收归宿。

在住房供给富有弹性情形下，住房供给曲线将比较平缓。如图 2.7 所示，征税前的均衡价格与数量是 P_0 和 Q_0。如果对住房征收房产税，需求曲线会向左下方移动，征税后的均衡点是 E_1（P_1、Q_1），住房的市场交易价格下降。税收负担由住房供给者和住房购买者共同承担。与租赁市场类似，如果住房供给弹性大于住房需求弹性，住房供给者承担的比例比购买者承担得更少，因此税收归宿具有一定的累退性，不利于财富分配公平。

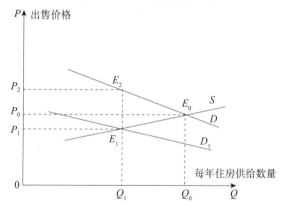

图 2.7   住房买卖市场供给富有弹性情形下的税收归宿

4. 住房供给完全弹性情形下的税收归宿。

如前所述，住房的长期供给曲线是一条平行于横轴的直线，如图 2.8 所示。征税前的均衡点是 E_0（P_0、Q_0）。如果对住房征收房产税，需求曲线会向左下方移动，征税后的均衡点是 E_1（P_0、Q_1），住房的市场交易价格不变。供给者得到的价格不变。购买者未来各期支付的单位面积税收的现值之和是 $P_1 - P_2$。税收负担完全由住房购买者承担，因此房产税具有明显的累退性，很不利于财富分配公平。

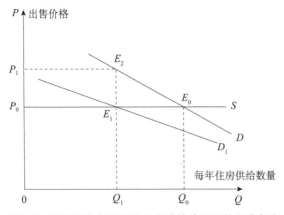

图2.8　住房买卖市场供给完全弹性情形下的税收归宿

2.1.2　动态局部均衡分析

假定房产税制度不变，住房购买者是理性的，那么购买者可以准确预测购买住房后每年的应纳税额。购买者将会把未来负担的房产税额贴现值作为购买成本。在既定的价格水平，需求量减少。

假设不征税的情况下住房的价格为 P_0。现在对住房征收从价税，税率为 t。如前所述，供给者每期负担的税额为：

$$P_0 - P_1 = \frac{t\varepsilon P_0}{\eta + (1 + t)\varepsilon} \tag{2.8}$$

购买者每期负担的税额为：

$$P_2 - P_0 = \frac{t\eta P_0}{\eta + (1 + t)\varepsilon} \tag{2.9}$$

则税后住房价格为：

$$P_1 = P_0 - \sum_{i=1}^{\infty} \frac{t\varepsilon P_0}{[\eta + (1 + t)\varepsilon](1 + r)^i}$$

$$= P_0 - \frac{t\varepsilon P_0}{r\left[\eta + (1 + t)\varepsilon\right]} \qquad (2.10)$$

其中，右端第一项为税前住房价格 P_0，第二项为供给者负担的房产税贴现值之和。如果供给弹性 η 为 0，则有：

$$P_1 = P_0 - \frac{tP_0}{r(1 + t)} \qquad (2.11)$$

房产税完全由供给者承担。在这种情况下，房产税完全资本化。

当供给弹性 η 为 ∞，则有：

$$P_1 = P_0 \qquad (2.12)$$

房产税完全由购买者承担，房产税没有发生资本化。

一般情况下，η 在 0 和 ∞ 之间，所以会发生部分资本化。资本化的程度与 η 的大小有关。η 越小，资本化程度越高，房地产开发商承担的税负越重，房产税的累进性越强，越有利于财富分配公平。这个结论与前面的静态局部均衡分析的结果是一致的。

2.2　房产税归宿的一般均衡分析

局部均衡分析只考虑一定时期的一个市场的情况，优点是其简易性。然而在一些情况下，忽略其他市场的反馈效应会导致分析的不全面。现采用一般均衡分析方法考察房产税对相互关联的各个市场的影响，重点关注房产税的财富分配效应。

房产税在传统的经济分析中常常被当作对消费品的课税。但是考虑房产税的课税对象——土地、建筑物的特征，将其看做对资本品的课税更为恰当。因为与一般消费品不同，土地、建筑物等是生产商品与服务的投入。例如，住房是住房服务的投入。在房屋租赁的场合，出租方将房屋、土地和劳动力结合起来提供住房服务。在房屋自用的情况下，住房服务的生产者和消费者是相同的。住房服务的生产者在要素市场购买资本作为生产要素以进行生产。房产税可以视作对住房所用资本这种生产要素进行征税。

2.2.1　静态一般均衡分析

2.2.1.1　修正的哈伯格模型

哈伯格（Harberger，1962）较早将一般均衡模型用于税收归宿分析。我们对哈伯格模型进行修正，分析房产税的经济效应。

1. 基本假设。

（1）技术条件。仅有两个生产部门 A 和 B，A 部门为住房部门，B 部门为非住房部门。两部门使用资本（K）和劳动（L）进行生产，规模报酬不变。资本—劳动比率较高的部门为资本密集型部门，反之为劳动密集型部门。

（2）要素供给。资本和劳动的总供给量都是固定的，两种要素可以自由流动，要素供给者追求总收益最大化。因此，两个部门的资本净边际收益相等，劳动的净边际收益也相等。但是资本和劳动之间的净边际收益往往不同。

（3）市场结构。两部门的厂商处于竞争市场，所有价格具有完全弹性。生产要素得到充分利用，生产要素的单位收益与边际产品价值相等。

（4）消费者偏好。消费者偏好相同。税收不能通过改变收入的使用方式而产生分配效应。

2. 一般要素税。

一般要素税是对两个部门同一生产要素所得课征的税收，包括对资本所得的课税与对劳动所得的课税。房产税可以视为对资本所得的课税。如果住房部门和非住房部门的资本税税率相同，不存在转移生产要素的激励，税收无法转嫁，资本的拥有者承担全部税负。由于主要收入来源为资本所得的纳税人平均财富更多，所以房产税具有明显的累进性。

3. 局部要素税。

如果只对一个部门的一种要素征税，这种税收被称为局部要素税。假设对 A 部门的资本征税，会产生两种效应：一是产量效应，二是要素替代效应。

（1）产量效应。对 A 部门的资本征税，会使住房价格上升，市场均衡数量减少，资本和劳动从 A 部门转移到 B 部门。假设 A 部门资本—劳动比率较高，即 A 部门是资本密集型，那么相应地 B 部门就是劳动密集型。资本和劳动的流动引起 B 部门资本—劳动比率提高，资本的相对价格下降，B 部门的资本所有者承担了部分税负。反之，如果 A 部门是劳动密集型，那么相应地 B 部门就是资本密集型，资本和劳动的流动引起 B 部门资本—劳动比率降低，资本的相对价格上升。B 部门的劳动所有者承担了部分税负。所以，从产量效应上看，不能确定局部要素税是否有利于资本所有者。

（2）要素替代效应。如果资本和劳动之间可以互相替代，对 A 部门的资本征税，会导致使用资本的成本上升，促使厂商少用资本、多用劳动。对资本需求的减少导致资本价格下降。

综上所述，如果住房部门是资本密集型的，两种效应的作用方向一致，资本相对价格下降，资本所有者的福利减少，劳动者福利增加；如果住房部门是劳动密集型的，两种效应的作用方向相反，资本相对价格的变化无法确定，从而资本所有者和劳动者福利的变化也无法确定。一般来说，住房生产部门资本密集程度相对较高，所以征收房产税会减少资本所有者的福利，具有一定的累进性，有利于财富分配公平。

2.2.1.2 财产税类型对房产税财富分配效应的影响①

将对财产的课税都视作对资本品的课税。现考虑财产税的两种情形：对所有财产征收统一税率；对住房征税，对其他财产免税。

1. 统一税率情形。

统一税率即对所有的财产都征收统一的财产税。由于财产所有者无论拥有怎样的财产、财产无论在哪个地区都要缴纳相同税率的财产税，因此很难实现税负的转嫁。在这种情况下，住房和其他财产的税率相同，对住房征收的房产税全部由住房所有者承担。图2.9描述了这种情况，资本数量固定在 Q_0 水平，征收财产税后，资本价格从 P_0 下降到 $P_0(1-t)$，其中，t 是财产税税率，所以住房资本的价格从 P_0 下降到 $P_0(1-t)$。

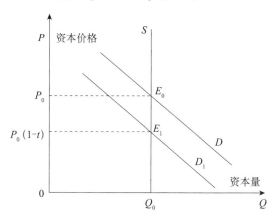

图2.9 统一税率情形下的税收归宿

由于房产税税负由住房资本供给者承担，且很难实现税负的转嫁，而住房资本供给者拥有较多的财富，因此统一税率是有利于财富分配的。

---

① 下面的分析参考了 Fisher（2007）的论述。

2. 差别税率情形。

（1）不同财产的差别税率。现实情况是不同财产的税率往往会有所不同。现考虑一种简单情形，对住房征收房产税，对其他财产免税。

假设：第一，资本总量固定，可以在不同财产间充分地流动，资本供给曲线为完全弹性；第二，有两类财产，财产 A 为住房，财产 B 为其他财产。如图 2.10 所示，投资需求用资本需求曲线表示，在没有征收房产税时，投资收益均为 R_0，在该种情况下，投资两种财产是无差异的。如果对 A 类财产（住房）征收房产税，住房的投资需求曲线会从 D_0^A 下降到需求曲线 D_1^A。短期内投资住房的收益降为 R_1。由于住房投资随着收益率下降而减少，对其他财产的投资将增加。只有在两个市场的收益率相等时，资本才会停止流动。在投资数量为 A_1 和 B_1 时，两类资本供给者得到的收益率都为 R_2，不存在剩余资本，达到均衡。

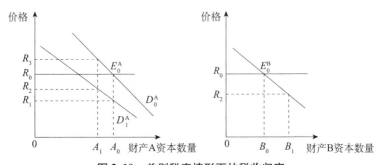

图 2.10　差别税率情形下的税收归宿

因此，在征收房产税的情况下，虽然名义上只对住房征税，但是所有资本的收益率都会降低，都要承受税收负担。通过市场效应引起资本供求双方行为的改变，对住房征收的部分税负会转嫁到 B 类财产上。

（2）不同地区的差别税率。另一种情形是考虑不同地区采用不同税率，与上面情形相似。将以上分析中 A 类财产视作 A 地区住房，将 B 类财产视作 B 地区住房。现对 A 地区住房征收房产税，B 地区住房免税。相对于 B 而言，对 A 地区房产征税增加了 A 地区投资者的投资成本。如果资本是流动的，资本供给者可以将其资本从 A 地区转向 B 地区。两个地区的投资收益率都将下降。如果两个地区的投资收益率再次出现相等，则又达到了一个均衡。因此，对 A 地区的征税将使部分税收负担转嫁给 B 地区。

上述分析仅仅限于资本市场，为了全面分析房产税的经济效应，我们将进一步考虑地区间差别税率对其他生产要素和房屋消费者的影响。

①对劳动市场的影响。如图 2.11 所示，假设初始时期 A、B 两个地区的工资相等，都为 P_0。如果资本是流动的，对 A 地区征收房产税会导致该地区住房投资数量的减少。在住房生产市场，劳动和资本具有较强的互补性。短期内，住房投资数量减少导致 A 地区劳动需求减少，工资下降为 P_1^A。而 B 地区住房投资数量增加，导致劳动需求增加，工资上升为 P_1^B。从长期来看，工人会对工资的相对变动作出反应，会从 A 地区流动到 B 地区。A 地区的劳动供给减少，工资上升。B 地区的劳动供给增加，工资下降。最后两个地区的工资相等，为 P_2。对 A 地区征收房产税导致该地区就业减少，B 地区就业增加。

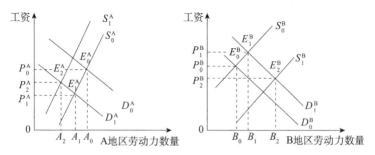

图 2.11　地区间差别税率对劳动市场的影响

②对房屋租赁市场的影响。如图 2.12 所示，假设初始时期 A、B 两个地区的房屋租赁价格相等，都为 P_0。短期内，对 A 地区征收房产税会导致该地区房屋租赁供给方的成本增加，供给曲线向左移动，均衡价格上升为 P_1^A，住房供给数量减少为 A_1。而 B 地区住房投资增加，供给增加，导致均衡价格下降为 P_1^B，均衡数量增加为 B_1。从长期来看，住房消费者会对租赁价格的相对变动作出反应，会从 A 地区流动到 B 地区租赁房屋。A 地区的住房租赁需求减少，需求曲线向左移动为 D_1^A，均衡价格下降为 P_2^A。B 地区的住房租赁需求增加，需求曲线向左移动为 D_1^B，均衡价格上升为 P_2^B。最后两个地区的均衡价格相等。对 A 地区征收房产税导致该地区租赁房屋减少，B 地区租赁房屋增加。

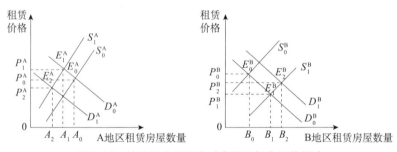

图 2.12　地区间差别税率对房屋租赁市场的影响

③对土地市场的影响。如图 2.13 所示，假设初始时期 A、B 两个地区的土地价格相等，都为 P_0。A 地区征收房产税导致房屋资本投资量减少。由于土地与房屋资本互补，所以土地需求也减少。需求曲线向左移动，均衡价格下降为 P_1^A。如前所述，B 地区住房投资数量将增加，那么该地区的土地需求也将会增加。需求曲线向右移动，均衡土地价格上升为 P_1^B。A 地区土地所有者受损，B 地区土地所有者受益。

综上所述，在统一税率的情况下，住房资本供给者很难转嫁税负，房产税具有累进性。在差别税率的情况下，总体上资本供

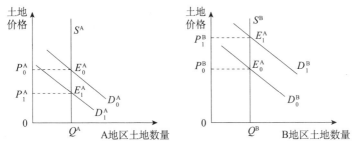

图2.13　地区间差别税率对土地市场的影响

给收益率将下降，从长期来看，对工人的工资没有明显影响，房产税同样具有累进性。因此，不管是差别税率还是统一税率，房产税都有利于财富公平分配。

2.2.2　动态一般均衡分析

前面进行了房产税的静态一般均衡分析。但房产税对相关市场的影响随着时间的推移而发生变化，所以需要进行动态一般均衡分析。我们基于索洛增长模型展开讨论。

2.2.2.1　索洛增长模型概述

索洛增长模型说明资本的增长、劳动力的增长和技术进步如何影响产出水平。索洛的分析假设：

①模型关注长期经济增长，不考虑失业等短期问题，同样不考虑和需求有关的问题。

②储蓄被看成是外生变量，它是国民收入的一个固定部分，但是如果遇到税收等外部冲击也会发生变动。

③产出由一个规模报酬不变的生产函数决定，资本和劳动可以互相替代，两种要素的边际产出为正且递减。

④产品市场和要素市场皆具有完全竞争性，所以欧拉定理成

立，所有产出完全分配给各种生产要素。

⑤劳动力以一个外生决定的增长率 n 增长，资本具有固定的年折旧率 γ。

根据以上假设，生产函数可以写作：

$$Y = F(K, L) \qquad (2.13)$$

其中，Y 是实际产出，K 是资本，L 是劳动。该生产函数规模报酬不变，以 L 同除两端就得到人均产出的生产函数：

$$\frac{Y}{L} = F\left(\frac{K}{L}, 1\right) \qquad (2.14)$$

令 $y = Y/L$，$k = K/L$。这样，生产函数可以写作：

$$y = f(k) \qquad (2.15)$$

在完全竞争的生产要素市场，资本的边际产出等于资本的租金率，即：

$$\frac{df(k)}{dk} = r \qquad (2.16)$$

其中，r 表示租金率。

劳动的边际产出等于劳动的报酬。依据欧拉定理，劳动的报酬即工资率等于支付了资本报酬后的剩余产出，即：

$$w = f(k) - k\frac{df(k)}{dk} \qquad (2.17)$$

假设人们把其收入中的 s 部分用于储蓄，即 $S = sY$。人均储蓄为：

$$\frac{S}{L} = sf(k) \qquad (2.18)$$

资本积累为总投资减折旧：

$$\frac{dK}{dt} = S - \gamma K = Lsf(k) - \gamma K \qquad (2.19)$$

所以资本存量的增长率为：

$$\frac{dK/dt}{K} = \frac{sf(k)}{k} - \gamma \qquad (2.20)$$

劳动的增长率为 n，即：

$$\frac{dL/dt}{L} = n \qquad (2.21)$$

将人均资本增长率为0的状态定义为稳定状态，有以下条件成立：

$$\frac{dk/dt}{k} = \frac{dK/dt}{K} - \frac{dL/dt}{L} = 0 \qquad (2.22)$$

由此可得：

$$\frac{sf(k)}{k} - \gamma - n = 0 \qquad (2.23)$$

因此有：

$$sf(k) = (\gamma + n)k \qquad (2.24)$$

满足式（2.24）的人均资本是不变的，从而人均产出、工资率和租金率不变。由于劳动力以 n 的速度增长，总资本与总产出也以 n 的速度增长。图2.14描述了一个经济的稳定状态。我们用 k^* 表示稳定状态的人均资本。当 $k < k^*$ 时，实际投资大于收支相抵的投资，人均资本增加；当 $k > k^*$ 时，实际投资小于收支相抵的投资，人均资本减少。在稳定状态下，投资 $sf(k)$ 对人均资本的正效应与折旧和人口增长产生的负效应平衡。

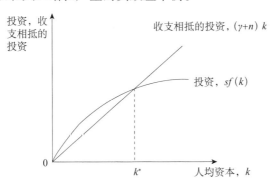

图2.14 稳定状态的人均资本

2.2.2.2　房产税的经济归宿

将房产税看成是对资本收益的课税，税收对稳定状态下的人均资本和生产要素的收益率有什么影响呢？我们运用修正的索洛模型来进行分析。假设房产税率为从价税率 τ。当征收房产税时，储蓄率 s 会随着资本净收益的变化而变化。因此储蓄率可以表示为人均资本 k 和税率 τ 的函数：

$$s = s(k,\tau) \tag{2.25}$$

同时，假设不考虑房产税收入用于政府支出对经济增长的影响。于是人均资本的变动是：

$$\frac{dk}{dt} = s(k,\tau)f(k) - (\gamma + n)k \tag{2.26}$$

对式（2.26）两边求 τ 的导数，可得稳定状态的必要条件为：

$$\frac{d(dk/dt)}{d\tau} = \left(\frac{\partial s}{\partial k}\frac{dk}{d\tau} + \frac{\partial s}{\partial \tau}\right)f(k) + s(k,\tau)\frac{df(k)}{dk}\frac{dk}{d\tau} - (\gamma + n)\frac{dk}{d\tau} = 0$$

$$\tag{2.27}$$

由此可得：

$$\frac{dk}{d\tau}\left[\frac{\partial s}{\partial k}f(k) + s(k,\tau)\frac{df(k)}{dk} - (\gamma + n)\right] = -\frac{\partial s}{\partial \tau}f(k)$$

$$\tag{2.28}$$

由图 2.14 可知，$\frac{\partial s}{\partial k}f(k) + s(k,\tau)\frac{df(k)}{dk}$ 是实际投资线的斜率，$\gamma + n$ 是收支相抵投资线的斜率。在稳定状态下，实际投资线与收支相抵投资线相交。在交点处，实际投资线的斜率小于收支相抵投资线的斜率，所以有：

$$\frac{\partial s}{\partial k}f(k) + s(k,\tau)\frac{df(k)}{dk} - (\gamma + n) < 0 \tag{2.29}$$

由于 $f(k) > 0$，所以 $dk/d\tau$ 与 $\partial s/\partial \tau$ 符号相同。

如果 $\partial s/\partial \tau$ 为正数，即储蓄率与房产税率正相关，那么 $dk/d\tau$

也为正数，稳定状态的人均资本 k^{**} 比税前 k^* 增加。按照资本边际报酬递减规律，资本的报酬率下降，劳动的报酬率相对提高，税负由资本所有者承担。

如果 $\partial s/\partial \tau$ 为负数，即储蓄率与房产税率负相关，那么 $dk/d\tau$ 也为负数，稳定状态的人均资本 k^{**} 比税前 k^* 减少。按照资本边际报酬递减规律，资本的报酬率上升，劳动的报酬率相对下降，税负由资本所有者与劳动供给者共同承担。

由于储蓄率与房产税率是正相关还是负相关不能确定，所以税负归宿也并不明确。但根据以上分析，即使储蓄率与房产税率负相关，税负也可能主要由资本所有者承担，从而使得房产税具有累进性。

2.3 最优房产税的制度设计机理

最优税收理论对于房产税制度设计具有重要的参考价值。传统的最优税收理论主要探讨商品税与所得税。我们借鉴前人关于最优商品税和最优所得税的研究，探讨最优房产税的制度设计机理，为设计有利于财富公平分配的房产税提供理论基础。

2.3.1 最优房产税制度设计：基于商品税的视角

房产税可以被视作对房屋这一商品的征税，因此，我们尝试将最优商品税理论用于房产税，研究合意的房产税制度设计。

2.3.1.1 拉姆齐规则对房产税制度设计的启示

拉姆齐（Ramsey，1927）对最优商品税理论起到了奠基性的作用。为了简化分析，他的论文中假定：① 一个完全竞争经济有 n

种商品，劳动是唯一的投入品；②每个生产部门生产一种产品，生产规模报酬不变；③经济中所有家庭的偏好相同，因此可以假定该经济中只有一个家庭。

生产规模报酬不变意味着边际成本不变，即每生产一单位 i 产品需要 c^i 的劳动投入量。假设工资率为 w，在完全竞争市场，价格等于边际成本，于是税前价格 p 由下式决定：

$$p_i = c^i w \quad (i = 1, 2, \cdots, N) \tag{2.30}$$

假设政府开支为 R，其收入来源是商品税，消费者支付的含税价格 q_i 等于税前价格 p_i 与单位税额 t_i 之和，即：

$$q_i = p_i + t_i \quad (i = 1, 2, \cdots, N) \tag{2.31}$$

设家庭对商品 i 的消费量为 x_i，则政府的财政总收入为：

$$R = \sum_{i=1}^{n} t_i x_i \tag{2.32}$$

社会中只有一个家庭，所以该家庭的效用函数可以表示社会福利。该家庭的间接效用函数为：

$$u = v(q_1, q_2, \cdots, q_N, w, I) \tag{2.33}$$

即间接效用 v 是含税价格（q_1, q_2, $\cdots$, q_N）、工资率 w 和收入 I 的函数。

在保证政府财政收入 R 实现的约束条件下，怎样设计税率使得社会福利最大呢？用数学规划方式表示就是：

$$\max v(q_1, q_2, \cdots, q_N, w, I)$$
$$s.t. \ R = \sum_{i=1}^{n} t_i x_i \tag{2.34}$$

建立拉格朗日函数：

$$L = v(q_1, q_2, \cdots, q_N, w, I) + \lambda \left(\sum_{i=1}^{n} t_i x_i - R \right) \tag{2.35}$$

则商品 k 的最优税率 t_k 满足下列条件：

$$\frac{\partial L}{\partial t_k} = \frac{\partial v}{\partial t_k} + \lambda \left(x_k + \sum_{i=1}^{N} t_i \frac{\partial x_i}{\partial t_k} \right) = 0 \tag{2.36}$$

由于含税价格 q_k 的变化只是由于税收 t_k 变化而引起，所以有：

$$\frac{\partial v}{\partial q_k} \equiv \frac{\partial v}{\partial t_k}, \frac{\partial x_i}{\partial q_k} \equiv \frac{\partial x_i}{\partial t_k} \tag{2.37}$$

于是，式（2.36）写为：

$$\frac{\partial v}{\partial q_k} = -\lambda\left(x_k + \sum_{i=1}^{N} t_i \frac{\partial x_i}{\partial q_k}\right) \tag{2.38}$$

由罗伊恒等式可得：

$$\frac{\partial v}{\partial q_k} = -\frac{\partial v}{\partial I} x_k = -\alpha x_k \tag{2.39}$$

这里，I 为家庭出售禀赋的收入，α 是收入的边际效用。将式（2.39）代入式（2.38），可得：

$$\alpha x_k = \lambda\left(x_k + \sum_{i=1}^{N} t_i \frac{\partial x_i}{\partial q_k}\right) \tag{2.40}$$

可以写为：

$$\sum_{i=1}^{N} t_i \frac{\partial x_i}{\partial q_k} = -\left(\frac{\lambda - \alpha}{\lambda}\right) x_k \tag{2.41}$$

引入斯拉茨基公式：

$$\frac{\partial x_i}{\partial q_k} = S_{ik} - x_k \frac{\partial x_i}{\partial I} \tag{2.42}$$

这里，$S_{ik} = \frac{\partial x_i^h}{\partial q_k}$ 表示替代效应。将式（2.42）代入式（2.41），有：

$$\sum_{i=1}^{N} t_i S_{ik} = -\left(\frac{\lambda - \alpha}{\lambda}\right) x_k + \sum_{i=1}^{N} t_i x_k \frac{\partial x_i}{\partial I} = -\left(1 - \frac{\alpha}{\lambda} + \sum_{i=1}^{N} t_i \frac{\partial x_i}{\partial I}\right) x_k \tag{2.43}$$

令 $\theta = \left(1 - \frac{\alpha}{\lambda} + \sum_{i=1}^{N} t_i \frac{\partial x_i}{\partial I}\right)$，可得：

$$\sum_{i=1}^{N} t_i S_{ik} = -\theta x_k \tag{2.44}$$

式（2.44）就是拉姆齐规则。

由于 $S_{ik} = \dfrac{\partial x_i^h}{\partial q_k} = \dfrac{\partial x_k^h}{\partial q_i} = S_{ki}$ ，式（2.44）可以写作：

$$\sum_{i=1}^{N} t_i S_{ki} = -\theta x_k \tag{2.45}$$

将式（2.45）两边同除以 x_k，可得：

$$\frac{\sum_{i=1}^{N} t_i S_{ki}}{x_k} = -\theta \tag{2.46}$$

因此，在既定的财政支出约束条件下，要实现社会福利最大化，消费者在每种商品上消费量下降的比例应当相同。当然，在现实的税制中，即使只考虑效率问题，要按这样的原则设计税率也是几乎不可能的。不过拉姆齐规则说明在设计房产税率时，需要考虑税收的替代效应。房产税率与其他商品的税率应该协调，过高或者过低的税率都是不符合效率原则的。

2.3.1.2　反弹性规则对房产税制度设计的启示

鲍莫尔与布拉德福德（Baumol & Bradford，1970）推导出反弹性原则。在式（2.40）中，$\sum_{i=1}^{N} t_i \dfrac{\partial x_i}{q_k}$ 表示商品 k 的含税价格变动会引起其他商品需求量的变动。如果不存在各种商品需求之间的交叉价格效应，那么有：

$$\frac{\partial x_i}{\partial q_k} = 0, i \neq k \tag{2.47}$$

将式（2.47）代入式（2.40），得到：

$$\alpha x_k = \lambda \left(x_k + t_k \frac{\partial x_k}{\partial q_k} \right) \tag{2.48}$$

就有：

$$t_k = \left(\frac{\alpha x_k}{\lambda} - x_k \right) \bigg/ \frac{\partial x_k}{\partial q_k} \tag{2.49}$$

两边除以 q_k（$= p_k + t_k$），可得：

$$\frac{t_k}{p_k + t_k} = \left[(\alpha - \lambda)/\lambda \right] \bigg/ \left(\frac{q_k}{x_k} \frac{\partial x_k}{\partial q_k} \right) \tag{2.50}$$

$\dfrac{q_k}{x_k} \dfrac{\partial x_k}{\partial q_k}$ 是商品 k 的需求价格弹性，可以记为 ε_k，因此：

$$\frac{t_k}{p_k + t_k} = \left(\frac{\alpha - \lambda}{\lambda} \right) \frac{1}{\varepsilon_k} \tag{2.51}$$

式（2.51）表示，商品税与含税价格之比应该与商品的需求价格弹性成反比：一种商品的需求价格弹性越高，那么单位税就应该越低，反之亦然。这就是反弹性原则。

按照反弹性原则，从效率的角度讲，应该比较房屋与其他商品的价格弹性，据以确定税率。同时，对居民来说，自住用房的弹性较低，投资用房的弹性较高。应该对自住用房课征较高的税收，对投资用房课征较低的税收。

但是效率只是评价税制的一个标准，设计税制时还应该考虑到公平效应。拥有投资用房的居民更加富有，因此需要对投资用房征收更高的税率。不过根据反弹性法则，需要充分考虑税率过高带来的扭曲效应，而不是任意制定过高的税率。

2.3.1.3　戴尔蒙—米尔利斯规则对房产税制度设计的启示

1. 戴尔蒙—米尔利斯规则。

拉姆齐规则只是考虑了效率问题，忽视了公平问题。戴尔蒙和米尔利斯（Diamond & Mirrlees，1971）对其进行了改进，他们在两方面放宽了拉姆齐模型的假设：①生产不再是规模报酬不变，其技术条件可能具有多样性；②社会由偏好可能不同的 H 个家庭组成。为简化讨论，这里不考虑技术条件对最优税制的影响。

每个家庭 h 的偏好可以用间接效用函数表示：

$$u = v(q_1, q_2, \cdots, q_N, w, I^h) \tag{2.52}$$

式（2.52）表明每个家庭的效用是含税价格（$q_1, q_2, \cdots,$ q_N）、工资率 w 和收入 I^h 的函数。设家庭 h 的消费需求为（x_1^h, $x_2^h, \cdots, x_N^h$），那么政府的财政总收入为：

$$R = \sum_{i=1}^{N} \sum_{h=1}^{H} t_i x_i^h \tag{2.53}$$

式（2.53）表示政府对每个家庭 h 就每种商品 i 征税。

社会总福利由每个家庭的间接效用函数决定，可以用柏格森—萨缪尔森（Bergson - Samuelson）形式表示：

$$W = W(v^1(g), v^2(g), \cdots, v^H(g)) \tag{2.54}$$

寻求社会福利最大的最优税制用数学规划方式表示就是：

$$\max W = W(v^1(g), v^2(g), \cdots, v^H(g))$$
$$s.t. \ R = \sum_{i=1}^{N} \sum_{h=1}^{H} t_i x_i^h \tag{2.55}$$

运用拉格朗日乘数法，可得最优税率 t_k 满足下列条件：

$$\sum_{h=1}^{H} \frac{\partial W}{\partial v^h} g \frac{\partial v^h}{\partial q_k} + \lambda \left(\sum_{i=1}^{N} \sum_{h=1}^{H} \frac{\partial t_i}{\partial q_k} x_i^h + \sum_{i=1}^{N} \sum_{h=1}^{H} t_i \frac{\partial x_i^h}{\partial q_k} \right) = 0 \tag{2.56}$$

由于 $\partial t_i / \partial q_k = 0, i \neq k$，并且 $\partial t_k / \partial q_k = 1$，因此：

$$\sum_{i=1}^{N} \sum_{h=1}^{H} \frac{\partial t_i}{\partial q_k} x_i^h = \sum_{h=1}^{H} x_k^h \tag{2.57}$$

由罗伊恒等式可得：

$$\frac{\partial v^h}{\partial q_k} = -\frac{\partial v^h}{\partial I^h} x_k^h = -\alpha^h x_k^h \tag{2.58}$$

这里，α^h 是家庭 h 收入的边际效用。于是式（2.56）左边第一项可以写为：

$$\sum_{h=1}^{H} \frac{\partial W}{\partial v^h} g \frac{\partial v^h}{\partial q_k} = -\sum_{h=1}^{H} \left(\frac{\partial W}{\partial v^h} \alpha^h \right) x_k^h \tag{2.59}$$

假设：$\beta^h = \dfrac{\partial W}{\partial v^h}\alpha^h$，于是 β^h 是家庭 h 收入的边际效用与该家庭效用上升对社会福利的影响的乘积，即收入的社会边际效用。式（2.56）可以写为：

$$\sum_{h=1}^{H}\beta^h x_k^h = \lambda\left(\sum_{h=1}^{H}x_k^h + \sum_{i=1}^{N}\sum_{h=1}^{H}t_i\frac{\partial x_i^h}{\partial q_k}\right) \tag{2.60}$$

引入斯拉茨基公式：

$$\frac{\partial x_i^h}{\partial q_k} = S_{ik}^h - x_k^h\frac{\partial x_i^h}{\partial I_h} \tag{2.61}$$

把式（2.61）代入式（2.60），可得：

$$\frac{\displaystyle\sum_{i=1}^{N}\sum_{h=1}^{H}t_i S_{ik}^h}{\displaystyle\sum_{h=1}^{H}x_k^h} = \frac{1}{\lambda}\frac{\displaystyle\sum_{h=1}^{H}\beta^h x_k^h}{\displaystyle\sum_{h=1}^{H}x_k^h} - 1 + \frac{\displaystyle\sum_{h=1}^{H}\left(\sum_{i=1}^{N}t_i\frac{\partial x_i^h}{\partial I_h}\right)x_k^h}{\displaystyle\sum_{h=1}^{H}x_k^h} \tag{2.62}$$

式（2.62）就是戴尔蒙—米尔利斯规则。

2. 戴尔蒙—米尔利斯规则的启示。

式（2.62）左端分母表示所有家庭对商品 k 的税前消费量总和，分子表示对所有商品征税导致的所有家庭在商品 k 上的消费所产生的替代效应之和。由于税收引致的替代效应表示在效用水平不变的条件下消费量的减少，所以 S_{ik}^h 为负，式（2.62）左端总为负。

式（2.62）右端为负。β^h 表示家庭 h 收入的边际效用与该家庭效用上升对社会福利的影响的乘积。说明家庭 h 的福利在社会总福利中相对地位。一个社会越重视公平，低收入家庭收入的社会边际效用越高，这些家庭所对应的 β^h 越大，式（2.62）右边 $\sum_{h=1}^{H}\left(\sum_{i=1}^{N}t_i\dfrac{\partial x_i^h}{\partial I_h}\right)x_k^h \Big/ \sum_{h=1}^{H}x_k^h$ 的绝对值越小，相应式（2.62）左边的绝对值越小，意味着对低收入家庭消费的商品征收的税率应该较低。因此，低收入家庭负担的房产税税率应该比较低，这样有利于社会福利的增加。这也说明对低收入阶层的房产实行低税率，既符合公平原则，也符合效率原则，公平与效率是一致的。

式（2.62）右端第三项若为正数，右端 $\sum\limits_{h=1}^{H}\left(\sum\limits_{i=1}^{N} t_i \dfrac{\partial x_i^h}{\partial I_h}\right) x_k^h \Big/ \sum\limits_{h=1}^{H} x_k^h$

的绝对值会比较小。$\partial x_i^h / \partial I_h > 0$，则商品 i 对于家庭 h 来说是正常品；$\partial x_i^h / \partial I_h < 0$，则商品 i 对于家庭 h 来说是劣质品。如果对劣质品实行补贴政策，即 $t_i < 0$，对正常品征税，即 $t_i > 0$，那么 $\sum\limits_{h=1}^{H}\left(\sum\limits_{i=1}^{N} t_i \dfrac{\partial x_i^h}{\partial I_h}\right) x_k^h \Big/ \sum\limits_{h=1}^{H} x_k^h$ 就会较大，税收引起的扭曲效应就会较小。这意味着我们应该对高档房屋和普通房屋征税，而对低档房屋进行补贴。

2.3.2　最优房产税制度设计：基于所得税的视角

房产税也可以被视作对投资房产的资本所得征税，因此，最优所得税理论对于房产税制度设计也具有一定的借鉴作用。

最优所得税可以分为最优线性所得税和最优非线性所得税两种情况。斯特恩（Stern，1976）提出了一个具有代表性的线性所得税模型。米尔利斯（Mirrlees，1971）则对非线性所得税问题进行了经典性的研究。我们主要借鉴斯特恩模型。

2.3.2.1　斯特恩模型概述

假设个人的效用函数具有固定弹性，即：

$$u(c,l) = \left[\alpha(1-l)^{-\mu} + (1-\alpha)c^{-\mu}\right]^{-1/\mu} \tag{2.63}$$

其中，l 是个人用于工作的时间，c 表示消费。

该效用函数包含的消费和闲暇之间的替代弹性为：

$$\sigma = \frac{1}{1+\mu} \tag{2.64}$$

个人的目标函数是：

$$\frac{1}{1-\varepsilon}\int_0^\infty \left[\, u(c,l)\,\right]^{1-\varepsilon}f(w)\,dw \qquad (2.65)$$

其中，w 是个人的工资率；$f(w)$ 是工资率分布的密度函数；ε 是所得的社会边际效用的弹性，表示对分配状况的价值判断，即对不公平的厌恶程度。$\varepsilon = 0$ 表示对所得不平等没有反感；$\varepsilon = \infty$ 表示符合罗尔斯最大最小原则的情况，即使具有最小效用的人效用最大化。

个人的预算约束为：

$$c = (1-t)wl + g \qquad (2.66)$$

其中，t 为边际税率，g 为总额性人头补助。

于是政府的预算约束为：

$$t\int wlf(w)\,dw = g + R \qquad (2.67)$$

其中，R 表示政府的税收收入需要，个人数量规范为 1 人，于是 g 表示总额补助的全部支付额。

式（2.67）中，$\int wlf(w)\,dw$ 表示社会收入总额 Y，可得：

$$R = -g + tY \qquad (2.68)$$

这就是斯特恩的线性所得税模型。最优线性所得税就是寻找 g 和 t 的最佳组合，使得社会福利最大。斯特恩根据经验数据估计了替代弹性 σ，在替代弹性 σ、不公平的厌恶程度 ε、政府税收收入 R 的各种组合下，估计了最优边际税率 t 和最优总额性人头补助 g。估计结果表明，最优税率和最优补助额随着不公平的厌恶程度 ε 的增加而提高，随着政府税收收入 R 的增加而提高，随着替代弹性 σ 的增大而减少。

2.3.2.2　斯特恩模型对房产税制度设计的启示

斯特恩的研究结论对我们设计房产税率可以起到一定的借鉴

作用。首先，近年来我国的基尼系数处于较高的水平，贫富悬殊过大问题引起了广泛关注，对不公平的厌恶程度比较高，这就要求我们设计较高的房产税税率。其次，随着分税制的进一步改革，地方政府需要将房产税作为主要的收入来源之一，这也要求税率较高。最后，我国的劳动力资源比较丰富，消费和闲暇之间的替代弹性较小，所以应该制定较高的税率。综上所述，我国的房产税税率可以制定得适当高一些。

2.4　结论及政策含义

本章构建了房产税财富分配效应的理论框架。

第一，进行了局部均衡分析。通过比较静态分析得出以下结论：①对自用住房课税，如果采取累进税率和减免税收措施，有助于实现财富分配公平。②用于出租的住房会因市场供给弹性和需求弹性的不同实现不同程度的转嫁。假定需求曲线不变，住房供给弹性越大，供给者负担的税收份额越小，需求者负担的税收份额越大。由于住房供给者比需求者拥有的平均财富更多，越来越不利于财富公平。③对用于出售的住房课税，其税收效应和租赁市场有类似之处，即税收归宿取决于供求双方的弹性。通过动态分析，我们发现：一般情况下，房产税会发生部分资本化，由供给者和购买者共同承担。

第二，采用一般均衡分析方法考察房产税的财富分配效应。基于修正的哈伯格模型，房产税无论作为一般要素税或局部要素税，都会减少资本所有者的福利。财产税可以分为两种情形：①统一税率。对所有的财产都征收统一的财产税，住房和其他财产的税率相同，对住房征收的房产税全部由住房所有者承担。②差别税率。首先，如果对住房征税，对其他财产免税，那么所有资本的收益率都会降低，都要承受税收负担。其次，对 A 地区住房征收房产税，B 地区住房免税，那么两个地区的资本供给收益率都将下降。进一步考虑地区间差别税率对其他生产要素和房屋消费者的影响。对 A 地区征收房产税导致该地区就业减少、租赁房屋减少、土地的均衡价格下降，B 地区就业增加、租赁房屋增加、土地的均衡价格上升。运用修正的索洛模型进行分析，如果储蓄率与房产税率正相关，税负由资本所有者承担；如果储蓄率与房产税率负相关，那么税负由资本所有者与劳动供给者共同承担。

综上所述，通过局部均衡分析和一般均衡分析，表明如果税制设计适当，房产税可以有利于财富分配公平。

第三，借鉴最优商品税和最优所得税的研究，探讨最优房产税的制度设计机理。一方面，将最优商品税理论用于房产税，得出以下结论：①拉姆齐规则说明房产税率与其他商品的税率应该协调，过高或者过低的税率都不符合效率原则。②按照反弹性原则，从效率的角度讲，应该比较房屋与其他商品的价格弹性，据以确定税率。自住用房的弹性较低，投资用房的弹性较高，因此自住用房的税率应该比投资用房的税率高。从公平的角度看，拥有投资用房的居民更加富有，对投资用房征收更高税率有利于公平。反弹性法则说明有时公平和效率是不一致的，需要充分考虑税率对效率的影响，而不是只注重公平。③根据戴尔蒙—米尔利斯规则，对低收入阶层的房产实行低税率，既符合公平原则，也符合效率原则。同时，对高档房屋和普通房屋征税，而对低档房屋进行补贴，税收引起的扭曲效应较小。另一方面，将最优所得税理论用之于房产税，根据斯特恩模型，得出以下结论：近年来我国贫富差距较大，地方政府需要将房产税作为主要的收入来源之一，劳动力资源比较丰富，为了实现社会福利最大化，我国的房产税税率可以制定得适当高一些。

第3章 房产税改革财富分配效应的微观模拟分析

　　房产税财富分配效应的设计和评价需要经济模型的支持。传统经济模型如可计算的一般均衡模型和经济计量模型采用的是典型个体分析或总量分析模式，无法有效地分析经济政策对不同微观个体的分配状况（万相昱，2008）。奥克特（Orcutt，1957）提出的微观模拟方法为解决这一问题提供了一个有效途径。微观模拟（micro simulation）是指模拟现实经济系统和政策实施方案，将个人、家庭或企业等微观个体作为描述和处理的对象，分析公共政策作用的过程（张世伟、万相昱、樊立庄，2006）。本章运用微观模拟方法，基于中国家庭调查数据，对房产税的财富分配效应进行模拟测度。首先对房产税制的财富分配整体效应进行测度，接着进一步研究影响财富分配效应的各税制要素及其影响程度，从而为房产税制度设计提供参考。

　　本章的结构如下：3.1 节将对微观模拟模型在公共政策评价中的应用研究进行文献综述；3.2 节构建房产税财富分配效应微观模拟的分析框架；3.3 节通过微观模拟的过程得到房产税财富分配效应的结果；3.4 节为本章结论及政策含义。

3.1　微观模拟模型在公共政策评价中的应用

微观模拟模型通常包括三个要素：一是微观数据库，取得全部微观个体数据或能够代表总体特征的抽样数据，运用时化方法将获取的已知数据转化为目标数据；二是模拟的政策实施方案，也就是需要评价作用的政策；三是政策实施效果，即运用一系列指标对该政策实施效果进行量化。

已有的研究成果对本书具有借鉴意义，因此本节立足于微观模拟模型在公共政策评价中的应用研究视角，对国内外相关文献进行梳理，为本章的研究内容提供启示。

3.1.1　国外研究现状

国外学者基于微观模拟方法分析公共政策，已形成大量的研究模型。从不同的维度对其进行分类：根据是否考虑主体的行为反应，微观模拟模型可分为算术模型和行为模型两类（Bourguignon & Spadaro，2006）；根据是否考虑时间因素的影响，微观模拟模型还可以分为静态模型和动态模型两类（O'Donoghue，2001）。

3.1.1.1　算术模型与行为模型

算术微观模拟模型应用于再分配领域时，假设家庭组成和市场收入等行为因素不变，模拟计算个人或家庭由于税收政策或社会福利政策的改变而实际可支配收入随之变化的情况。该模型早期被广泛应用于比较分析欧盟中不同国家的公共政策效应。沃克、阿特金森和萨瑟兰（Walker，Atkinson & Sutherland，1988）基于法国家庭数据，用英国税收优惠体系代替法国政策，模拟分析政策改革效应。布吉尼翁、奥多诺霍和萨斯特雷－德斯卡尔斯等（Bourguignon，O'Donoghue & Sastre-Descals，1997）运用微观模拟模型分析在法国、英国和意大利等国实施相同的儿童福利计划时各国的政策效应。随后，算术微观模拟模型逐步用于分析公共政策改革对收入分配效应的影响。阿特金森和乌蒂利（Atkinson & Utili，2010）通过计算不公平系数及贫困系数分析社会福利政策效应。与上述模型相比，行为微观模拟模型根据家庭微观数据，不仅要考虑个人或家庭因为预算约束的变化而增加或减少的税收支出，也要考虑这一变化所引起的个人行为反应。纳入劳动力供给因素的税收效应模型是行为微观模拟应用的典型例子。拉比加、奥利弗赫和斯帕达罗（Labeaga，Oliverhe & Spadaro，2008）考虑了西班牙税收改革对女性劳动供给行为的影响，计算出实施该政策时当地家庭的收益或损失情况，并比较分析得到不同改革方案的政策效应。帕西菲科（Pacifico，2009）运用离散时间动态模型反应劳动力供给的行为变化，并以此来分析公共政策的效应。

3.1.1.2　静态模型与动态模型

静态微观模拟模型通常用于分析税收等公共政策的即期效应，基于个体或家庭在不同时间点上的状态，比较公共政策效应在不同时刻的变化情况（Zucchelli，Jones & Rice，2012；Lay - Yee & Cotterell，2015）。在模拟过程中，该模型一般采用重新加权的数据时化方法，根据未来的预期人口特征，将真实的当期数据通过重新赋予权重得到目标时间点的数据样本（Martini & Trivellato，2010）。动态微观模拟模型则通常用于分析养老保险、失业保险等社会保障制度的长期政策效应。为反映微观个体的动态或生命周期性特点，该模型的数据样本模拟个体的结婚、离婚、失业、死亡等一系列长期发展历程，从而可以分析公共政策作用于社会的动态效果（Spielauer，2010）。芬（Ven，2011）构建了个人或家庭在消费、劳动供给、流动资产组合配置、缴纳养老金等事件上的动态决策行为模型，描述了居民储蓄和劳动力供给行为基于公共政策实施的动态变化过程，为后续政策变化分析奠定了理论基础。卡伦和芬（Callan & Ven，2011）构建了结构动态微观模拟模型PENMOD，分析了爱尔兰的养老金政策对居民收入及劳动力供给的影响。

3.1.2 国内研究现状

国内学者应用微观模拟模型研究公共政策效应的工作起步较晚。早期的研究者们开展了大量的定性研究。郭绍禧、关亚骥和陆学华（1988）率先将微观模拟模型引入我国。李善同（1990）和高嘉陵（1998）全面介绍了微观模拟模型的定义、特点、类型及支撑平台等。随后，研究趋势逐渐向实证研究发展。高嘉陵（1999）基于烟台市的数据，运用动态微观模拟模型分析了养老保险制度改革产生的政策效应。张世伟、李学和樊立庄（2005）、张世伟、万相昱和樊立庄（2006）基于长春市的数据，运用动态微观模拟模型，对养老保险制度改革与退休制度改革产生的政策效果进行分析，并建立个人所得税制度微观模拟模型，分析了2005年个人所得税制度改革的模拟实验结果。万相昱（2008）建立了一系列微观模拟模型（china simulation model，CNSM），对我国收入分配政策的作用效果进行系统全面的分析预测。刘黎明和黄恒君（2012）、杨晓妹（2013）、尹音频和杨晓妹（2013）等分别从模型构建、女性视角、劳动供给等角度运用微观模拟模型分析个人所得税的效应问题。另外，刘金东和王生发（2015）运用微观模拟模型对我国房产税的累进性与充分性进行研究。

综上所述，现有文献应用微观模拟模型研究公共政策效应已取得了一些成果。但微观模拟模型主要用于养老保险制度、个人所得税等政策效应评价，鲜见运用微观模拟模型评价房产税财富分配效应。由于微观模拟模型对于研究公共政策在微观层次上的影响，以此度量政策的作用效果具有突出的优势，因此有必要结合我国的经济与社会环境，利用微观模拟方法对房产税财富分配效应问题进行深入研究。

3.2　分析框架

3.2.1　财富分配效应的测度方法

如何定义财富？财富是指总财富还是净财富？鉴于居民借债的现象大量存在，净财富能更好地反映居民持有财产的实际状况。住房净财富为自有房屋估计市场价值减去未偿还住房贷款余额，用公式表示如下：

住房净财富 = 自有房屋估计市场价值 – 未偿还住房贷款余额

基于上述相关概念的界定，我们拟采用两种方法测度房产税的整体财富分配效应：一是比较税前税后基尼系数的差值计算 MT 指数（Musgrave & Thin，1948），测度房产税调节财富分配不公的作用效果；二是计算平均税负，衡量税收对每个房产价值组之间财富差距的变化，并通过计算 Suits 指数测度房产税的累进性。

3.2.1.1　税前税后基尼系数与 MT 指数

测度不平等程度的常用指标包括基尼系数、广义熵（generalized entropy）指数、对数方差、阿特金森指数等。其中，基尼系数满足齐次性、匿名性、总体独立、转移性原则和强洛伦茨一致性，是一个使用最广泛的指标（万广华，2006）。因此，本章采用基尼系数来度量财富不平等程度。基尼系数的计算方法可以分为几何方法、矩阵方法、平均差方法（或相对平均差方法）、斜方差方法等（徐宽，2000）。每种方法都有其自身的优点和用处。由于我们采集到的数据是微观数据，使用相对平均差方法直接计算基尼系数可以避免计算误差问题。计算公式表示如下：

$$G = \frac{1}{2n^2\mu} \sum_i \sum_j |y_i - y_j| \tag{3.1}$$

式（3.1）中，n 代表样本数量，μ 为平均财富，y_i 和 y_j 分别代表第 i 和 j 个样本的财富。[①] 基尼系数的计算值 G 一般在 0～1 之间，基尼系数在 0.3 以下不公平程度较低，0.3～0.4 时正常，0.4 作为衡量不公平程度的警戒线，0.4 以上表示不公平程度较高。

财富不平等包括家庭财富不平等和个人财富不平等。分析单位的选择通常依研究目的而定。为了简化分析，本章以个人为分析单位。

MT 指数是衡量税收收入再分配效应时最常用的指标。财富是收入形成的存量，我们运用 MT 指数分析房产税的财富分配效应也具有可行性，该指数等于税前税后基尼系数的差值，具体用公式表示如下：

$$MT = G_X - G_Y \tag{3.2}$$

其中，G_X 和 G_Y 分别表示税前财富和税后财富的基尼系数。如果 MT 指数为正数，表明税后基尼系数小于税前基尼系数，房产税促进了财富分配公平；如果 MT 指数为负，表明税后基尼系数大于税前基尼系数，房产税反而削弱了财富分配公平。

---

① 基尼系数的计算可以使用 INEQ、MATLAB、Stata 等软件，本章运用 MATLAB 和 Stata 软件计算基尼系数。

3.2.1.2　房产税的平均税负与 Suits 指数

累进性是反映税收公平的重要指标之一。为了考察房产税的累进性，首先应将居民住房财富按房屋税前市场价值十等分组，然后对每一组的平均税负分别进行测算，如果平均税负随房屋税前市场价值的上升而上升，表明房产税是累进的，反之亦然。如果用当期的房产税金额与房屋税前市场价值的比值来衡量税负，由于税收资本化的存在，会大大低估房产税对财产分配的影响，因此我们采用未来支付的房产税现值总额与房屋税前市场价值的比值来衡量税负，用公式表示如下：

$$BT = \frac{PV_T}{MV} \tag{3.3}$$

其中，BT 代表房产税平均税负，MV 表示房屋税前市场价值，PV_T 表示未来支付的房产税现值总额。

Suits 指数是经济学家休茨（Suits，1977）根据洛伦茨曲线和基尼系数提出的衡量税收累进性的方法。我们将其运用于分析房产税的财富分配效应，通过比较拥有不同财富的居民所负担税收的比例与财富比例来判断税收的累进程度。将居民财富按照从低到高进行排序，根据上文所述即是十等分组，以居民累计财富的百分比为横坐标，累计税收百分比为纵坐标。Suits 指数的初始计算公式是 $S = 1 - L/K$，其中，K 为税收分配完全平等线与分配完全不平等线围成的三角形面积，L 表示税收集中曲线与税收分配不平等线围成的面积，且可近似看成由多个梯形组成的面积，则 Suits 指数的计算公式可表示为：

$$S = 1 - 2\left[\sum_{i=1}^{n}\left(\frac{T(Y_{i-1}) + T(Y_i)}{2}\right)(Y_i - Y_{i-1})\right] \tag{3.4}$$

其中，n 表示将居民财富从低到高的分组数，Y_i 表示从第一组到第 i 组累计的百分比，$T(Y_i)$ 表示对应的税收累计百分比。Suits 指

数的取值范围为 [－1，1]，其值大于 0 时，表示税收是累进的，且其值越大表示累进程度越强；等于 0 时，表示税收为比例税；小于 0 时，表示税收为累退税。

3.2.2 财富分配效应的分解方法

3.2.2.1 横向公平效应与纵向公平效应

为考察房产税各税制要素对财富分配效应的影响程度，本书采用卡克瓦尼（Kakwani，1977，1984）提出的分解法对 MT 指数展开分解，用公式表示如下：

$$MT = (C_Y^X - G_Y) + \frac{t}{1-t}P \tag{3.5}$$

其中，C_Y^X 表示按税前财富排序的税后财富集中率[①]，G_Y 表示税后基尼系数，t 是平均税负（即纳税金额与税前财富之比），P 等于按税前财富排序的税收集中率减去税前财富的基尼系数，用公式表示如下：

$$P = C_T^X - G_X \tag{3.6}$$

其中，C_T^X 为税收集中率，表示相对税前财富而言，房产税负担在居民之间分布的衡量指标。$P > 0$ 时，高财富人群在房产税收入总额中的比重大于其在财富总额中的比重，或者说高财富人群的税负高于低财富人群，亦即税收具有累进性。反之，$P < 0$ 时，房产税具有累退性。$P = 0$ 时，每个居民在房产税收入总额中的比重等于其在财富总额中的比重，税收为比例税。

式（3.5）中，第 1 项 $C_Y^X - G_Y$ 衡量横向公平效应。房产税横向公平要求相同财富的居民税收负担相等。当 $C_Y^X - G_Y = 0$ 时，按

---

① 本章用 C 表示集中率，C 的上标字母表示用来排序的变量，C 的下标字母表示目标变量。

税前财富排序的税后财富集中率与税后财富基尼系数相同，即房产税没有改变财富排序，所以符合横向公平。当房产税改变了财富的排序时，税后财富集中率一定小于税后财富基尼系数，即$C_Y{}^X - G_Y < 0$，横向公平原则被违背。

式（3.5）中，第2项衡量房产税的纵向公平效应。房产税纵向公平要求不同财富的居民税收负担不等，但居民缴纳的税负需与其财富拥有成正比。纵向公平效应包含两个变量：衡量税收累进性的P指数和平均税负t。该项有两个重要含义；第一个含义是当$0 < t < 1$时，$t/(1-t)$一定大于0。因此$P > 0$时，第2项为正，房产税满足纵向公平原则，起到缩小财富差距的作用；当$P < 0$时，房产税不满足纵向公平原则，使得财富差距恶化；$P = 0$时，房产税对财富分配没有效果。第二个含义是房产税纵向公平效应的大小取决于税收累进性程度和平均税负高低。如果政策目标是更加充分地发挥房产税调节财富分配的作用，不仅需要提高房产税累进程度，而且需要提高平均税负。

3.2.2.2 税率效应与免征额效应

房产税的累进性来自免征额和税率类型两个方面，因此，将P指数进一步分解如下：

$$P = (C_T^X - C_{X_T}) + (C_{X_T} - G_X) \tag{3.7}$$

式（3.7）中，X_T表示减除免征额之后的住房财富，即税基。C_{X_T}是税基按税前住房财富排序的集中率。等式右边第1项$C_T^X - C_{X_T}$衡量税率类型对税收累进性的影响，可以称之为税率效应。当平均税率随应税住房财富的增加而上升时，有$C_T^X > C_{X_T}$；当平均税率随税基增加而下降时，有$C_T^X < C_{X_T}$；当平均税率为常数时，有$C_T^X = C_{X_T}$。只有当平均税率随应税住房财富上升而上升时，税率类型才会增强税收的累进性。等式右边第2项$C_{X_T} - G_X$衡量的是

免征额对税收累进性的影响，可以称之为免征额效应。C_{X_T} 大于、等于、小于 G_X，意味着免征额占税前住房财富的比例随税前住房财富的增加而下降、不变、上升。只有当住房财富越高的人其免征额所占比例越低时，免征额才会增强税收的累进性。对 P 指数进行分解后，MT 指数可以改写为：

$$MT = (C_Y^X - G_Y) + \frac{t}{1-t}[(C_T^X - C_{X_T}) + (C_{X_T} - G_X)] \quad (3.8)$$

3.2.3 微观模拟的建模方法

本章拟采用静态微观模拟模型，忽略政策实施过程中居民的行为变化，测度房产税的即期财富分配效应。首先建立微观个体数据库和政策实施数据库，然后通过将房产税政策施加于微观个体，从而运用经济与统计指标衡量该政策的即期效应。该模型总共由三个模块组成[①]，其基本思路如图 3.1 所示。

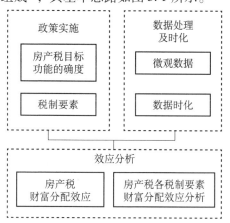

图3.1 房产税财富分配效应微观模拟建模思路

---

① 参见万相昱（2008）对静态微观模拟模型的分析。

1. 政策实施模块。

该模块是模型输入的重要组成部分。它实现了通过制定合适的政策法规机制和外生政策参量，建立政策实施数据库，使政策作用到相应的微观决策单位。根据本章的研究目的，我们通过对房产税目标功能的确定和各税制要素的模拟设定两大部件，真实反映具体的税收政策，还通过调节各项税制要素参数选项来实现不同税收方案的模拟分析。

2. 数据处理及时化模块。

该模块建立了微观个体数据库，对基础期居民统计数据进行选取和调整，使其满足政策模拟和分析所需。由于我们收集的微观数据与待分析的政策实施环境存在一定的时滞，需要对数据进行时化处理，将收集的原始数据转换到目标期。本章采用的是静态微观模拟模型，忽略了政策实施过程中居民的行为变化，运用重新加权的方法实现静态时化过程。

3. 效应分析模块。

该模块为模型输出部分，在计算机上运用 MATLAB 软件和 Stata 软件实现该微观模拟模型的建模编程。结合前两个模块建立的微观个体数据库和政策实施数据库，运用经济和统计方法选取一系列指标对政策效应给出模拟模型的评价结果。房产税财富分配效应的分析主要包括两个方面：一是基于各项参数不同的房产税改革方案，对比税前税后各项指标的变化程度，判断每种房产税方案的财富分配效应；二是从公平性角度出发，分析房产税政策中各税制要素对财富分配效应的影响。

3.3　过程与结果

本节将从政策实施模块、数据处理及时化模块、效应分析模块介绍微观模拟的具体过程，并得出房产税改革的财富分配效应结果、各税制要素对财富分配效应的影响结果。

3.3.1 政策实施模块

3.3.1.1 房产税改革目标选择

根据第 1 章的分析结论，目前，我国贫富差距较大、个人所得税对收入分配的调节作用很有限等特殊国情决定了在相当长一段时期内，房产税改革的主要目标是缩小贫富差距。在税收公平的原则下对居民给予一定的税收优惠，对拥有多套房产或高端房产的居民征收较多的税，这样做在一定程度上将起着调节居民财富分配的作用。本章后面的分析将以实现调节财富分配这一政策目标作为基础。

3.3.1.2 房产税政策制定方式

房产税政策的制定主要存在两种方式。第一种方式是由中央政府综合考虑纳税人的负担、房产税所带来的财政收入等因素，确定税基、免征额、税率等税收要素，而且相对固定。第二种方式是税基、免征额基本不变，地方政府根据当年的财政收支缺口和辖区内税基总量，计算出需要采用的税率。运用这种方式需要每年都计算税率。采用第一种方式，由中央政府制定统一的累进税率，并规定免征额的具体扣除方式，有利于缩小贫富差距。本书以后的分析基于这种政策制定方式。

3.3.1.3 免征额与计税依据确定

考虑到我国农村居民的平均财富水平与城市有较大差距，所以本章设计的房产税改革方案中对农村居民免税。

目前，沪渝试点的免征额是统一的免税面积与房屋交易价格的乘积。在上海的试点方案中，本市居民家庭在本市新购且属于该居民家庭第二套及以上住房的，合并计算的家庭全部住房面积人均不超过 60 平方米的，其新购的住房暂免征收房产税。[①] 在重庆的试点方案中，纳税人在试点前拥有的独栋商品住宅，免税面积为 180 平方米；新购的独栋商品住宅、高档住宅，免税面积为 100 平方米。[②]

在发达地区和不发达地区、城市中心与城市边缘、高档住宅和普通住宅之间，单位面积房产的价值常常相差悬殊。一般来说，富人房产的单位面积价格较高，穷人房产的单位面积价格较低。按统一的免税面积与房屋交易价格的乘积计算免征额，意味着富人的免税金额较高，穷人的免税金额较低，因此对富人的优惠高于穷人。例如，两个家庭均为三口之家，住房面积都是 200 平方米，A 家庭的房屋交易价格为每平方米 4 万元，B 家庭的房屋交易价格为每平方米 1 万元。如果免税面积为每人 30 平方米，房产税名义税率为 2%，那么尽管实际税率均为 0.2%，但富人的免税金额是 120 万元，穷人的免税金额是 30 万元。考虑到富人的房产在总资产的比重一般比穷人低，而目前对居民财产征税基本还是空白，这样的免税方式实际有利于富人。

笔者认为，应该根据当地的平均房价和免税面积两方面因素来确定免征额。如何确定免税面积？免税面积越大，纳税人应纳税额就越少。当免税面积达到一定程度，缴纳房产税的纳税人会

①《上海市开展对部分个人住房征收房产税试点的暂行办法》，http：//www. tax. sh. gov. cn/pub/xxgk/zcfg/dcs/201101/t20110127_ 305661. html，发布时间：2011 – 01 –27.

②《关于进行对部分个人住房征收房产税改革试点的暂行办法》，http：// www. cq. gov. cn/publicinfo/web/views/Show！ detail. action？ sid = 1032662，发布时间：2011 –01 –27.

很少，房产税调节贫富差距的作用就比较微弱。国家统计局住户调查办公室发布的数据显示，2016年，全国居民人均住房建筑面积为40.8平方米，城镇居民人均住房建筑面积为36.6平方米，农村居民人均住房建筑面积为45.8平方米。[①] 参照上述数据，我们把免税面积的最高值确定为每人35平方米。同时，为了全面分析不同免税面积的作用，还将分别计算没有免税面积以及免税面积为每人15平方米、25平方米时房产税的分配效应。每户家庭计税依据的计算公式为：

$$房产税计税依据 = 房产总价值 - 免税面积 \times 家庭人口数 \times$$
$$当地[②]住房的平均价格$$

3.3.1.4 税率设计

房产税改革中的税率设计需要与相关税制要素结合起来，如课税对象和计税依据等，其设计形式多样，需要进行全面考量。

1. 实行分税率还是统一税率。

一些学者认为，对土地和房产实行分税率能提高土地使用效率、保护环境和缓解城市扩张，同时能保持税收中性和使超额负担最小化（Cohen & Coughlin，2005）。尽管这样，对房产税实行分税率可能存在一些困难。在从统一税率转向分税率的过程中，由于一般土地的税率更高，房产税负担的重新分配会引起拥有较多土地的房主的反对（Chapman & Rex，2005）。同时，实行分税率会导致评估和征管程序比较复杂，增加税收成本。正因为如此，大多数国家都实行统一税率。同样，在目前我国征管水平不高、税收成本较重的情况下，基于分配公平目标，可行的选择是实行

---

① 《居民收入持续较快增长　人民生活质量不断提高》，http：//www.stats.gov.cn/tjsj/sjjd/201707/t20170706_ 1510401.html，发布时间：2017 - 07 - 06.

② 这里指地区级行政单位。

统一税率。

2. 实行比例税率、累进税率还是定额税率。

大部分国家和地区采用比例税率。比例税率可以分为单一比例税率和差别比例税率。新加坡、中国香港实行单一比例税率，而加拿大、瑞典等国实行差别比例税率。也有一些国家采用累进税率和定额税率，例如韩国按超额累进税率对住宅性房屋征收房产税，波兰根据房地产类型不同，采用不同的定额税率。

比例税率的优点是便于管理，但具有累退性，不利于调节贫富差距。累进税率的税收负担比较公平，但是征税成本较高。实行定额税率征税成本较小，纳税人税收负担相对稳定，但是累退性很强，是最不公平的税率形式（蔡红英、范信葵，2011）。对于我国房产税税率的形式，有学者认为比例税率计算简单、操作简单、容易征收和管理，而累进税率计算烦琐、容易导致避税，因此比例税率具有相对优势（徐滇庆，2008）。

我们认为，为了体现房产税调节分配的功能，应该对自有房屋设立超额累进税率。这样做的确会增加征税难度，但是利大于弊。

3. 平均税率多高比较适宜。

对于我国房产税平均税率水平，存在着不同观点。中国不动产税改革课题组指出，由于纳税人对房产税的抵触心理可能比较强烈，税率不宜定得过高，可以设定在0.3%～0.8%之间（谢伏瞻，2006）。北京大学中国经济研究中心宏观组提出（2007），物业税应控制在家庭可支配收入的2%左右。如果将房屋市场价格作为计税依据，那么税率应该定为市场价格的0.4%左右。如果将房屋市场价格扣除免征额后的金额作为计税依据，那么税率大致为1%。

平均税率较低有利于税款的征收，但较高的平均税率有利于调节贫富差距，各有优势。在我们的方案中，分别设计了低、中、高的平均税率。

3.3.1.5 我国房产税改革方案

根据上述论述，我们提出以下可供选择的房产税改革方案。首先，免税面积可以分为 0 平方米、15 平方米、25 平方米、35 平方米四种类型。对于每种免税面积，又有多种税率可以选择。为简单起见，我们提出三种类型：第一种税率类型是低平均税率[①]、低累进程度；第二种税率类型是中等平均税率、中等累进程度；第三种税率类型是高平均税率、高累进程度。通过测算和比较，级距确定为 0~20 万元、20 万~50 万元和 50 万元以上。各方案如表 3.1 所示。

表 3.1　　　　　　　房产税政策实施方案

免征面积	税率		
（平方米）	0.4%（0~20万元） 0.6%（20万~50万元） 0.8%（50万元以上）	0.8%（0~20万元） 1.2%（20万~50万元） 1.6%（50万元以上）	1.6%（0~20万元） 2.2%（20万~50万元） 2.8%（50万元以上）
0	方案 1	方案 2	方案 3
15	方案 4	方案 5	方案 6
25	方案 7	方案 8	方案 9
35	方案 10	方案 11	方案 12

注：①括弧内为级距。
②各方案为四种免税面积类型与三种税率类型的组合。

3.3.2　数据处理及时化模块

如前所述，由于现实条件如调查成本大及可行性等问题，决

---

① 本章的平均税率是指名义平均税率，而用平均税负表示实际平均税率。

定了调查数据与目标微观数据的差异性，因此需要进行数据调整及时化处理。该模块对基础期居民统计数据的选取和调整，使其满足政策模拟和分析所需。

3.3.2.1　数据收集

本章使用的城镇和农村数据有两个来源，一个来源是国家统计局（National Bureau of Statistics，NBS）2008年的家庭调查数据，另一个来源是中国住户收入项目（China Household Income Project，CHIP）2008年的调查数据。这两种数据来源的可信度在学术界被广泛认可，也是能满足本章分析需要的最新公开调查数据。两类数据的调查样本是一致的，调查内容有所差异，可以互相补充。12643个城镇居民样本分别位于上海、江苏、浙江、安徽、河南、湖北、广东、重庆、四川9个省市之中。31700个农村居民样本分别位于河北、江苏、浙江、安徽、河南、湖北、广东、重庆、四川9个省市之中。

在完成上述数据收集后，对数据来源进行调整：首先，因两种数据来源统计调查的内容有所差异，需要利用Stata软件将具有相同样本的调查内容进行合并，剔除异常数据部分；其次，原始数据是以家庭为调查单位进行统计的，而税收制度评价需要微观个体的数据，因此运用MATLAB软件将以家庭为单位的数据转化为以个人为单位的数据。

3.3.2.2　数据处理及时化

数据收集得到的仅是居民住房基本情况、税前财富等信息，而分析房产税财富分配效应还需得到微观个体的应税财富、应缴税额等数据。为此，首先根据不同税收方案制定的免征额，确定微观个体的计税依据；然后再依据税基所处的级距，按照不同的累进程度与累进税率，计算该微观个体所需缴纳的房产税额；最后，税前财富与税额的差值即是税后财富值。我们运用 MATLAB 软件编程实现了该处理，形成了基于上述 12 种房产税政策实施方案的微观个体数据库。其中，每个记录代表一个微观个体的数据，包括当地平均商品住房价格、税前家庭总财富及住房财富，基于不同房产税方案的房产税税基、税额及税后财富值等。

如前所述，我们收集的是 2008 年的微观数据，无法满足对于政策实施效果的及时评价和动态分析，时化处理成为必要方法。时化财富数据的关键步骤如下：

步骤一：分别选取基期 2008 年、房产税改革试点开始实施时的 2011 年和试点实施一段时间后的 2013 年三个有代表性的时期进行时化处理。从国家统计局收集 2008 年、2011 年、2013 年各地区的住房平均销售价格，分别计算目标期 2011 年、2013 年相对于基期 2008 年的住房价格平均增长率，将基期 2008 年每个居民的住房财富根据住房价格平均增长率依次更新为 2011 年、2013 年的数据。具体方法如下：

$$
\begin{cases}
y_t = y_0 + \alpha y_0 \\
\alpha = (A_t^k - A_0^k)/A_0^k
\end{cases}
\tag{3.9}
$$

其中，y_0 表示居民在基期的住房财富，y_t 表示居民在 t 年的住房财富，α 表示 t 年相对于基期的住房财富增长率，A_t^k 是指 t 年地区 k 的住房平均销售价格，A_0^k 表示基期地区 k 的住房平均销售价格。模型假设短期内某区域的经济结构和人口结构保持不变，依据各地区的住房财富增长率，将相应住房财富值进行等级提升以使其成为目标期的财富值。

步骤二：许多研究表明，征收房产税会导致房屋价格降低，这一过程被称为资本化（Cebula，Foley & Houmes，2011）。运用平均税负来评价房产税的财富分配效应时，在计算过程中，如果用当期的房产税金额与房屋税前市场价值的比值来衡量平均税负，由于税收资本化的存在，会大大低估房产税对财产分配的影响。因此，我们将房产所有者未来支付的房产税贴现，具体公式如下所示：

$$PV_T = \frac{T}{1+r} + \frac{T}{(1+r)^2} + \frac{T}{(1+r)^3} + \cdots + \frac{T}{(1+r)^N} \quad (3.10)$$

其中，T 表示每年支付的房产税金额，即每套房屋的计税依据乘以相应税率；r 为贴现率，遵循已有文献的普遍做法，利用长期、安全投资的收益率作为贴现率，这里使用 2008 年的 30 年期国债利率 4.5%（王辉，2008）。N 表示总共支付的期数，根据《中华人民共和国城镇国有土地使用权出让和转让暂行条例》第十二条的规定，居住用地土地使用权出让最高年限为 70 年。因此这里将 N 的值设定为 $70 - n$，n 为房屋已使用年限。

如果未来支付的房产税导致房价下降金额为 PV_T，就说明资本化是完全的。在短期，由于房屋供给数量几乎不变，可以认为资本化是完全的。从长期来看，由于房屋供给数量的改变，资本化很可能不是完全的。为了简单起见，我们假定资本化是完全的。

房屋税后市场价值的计算公式为：

$$MV' = MV - PV_T \quad (3.11)$$

其中，MV' 为房屋税后市场价值，MV 为房屋税前市场价值。

3.3.3　效应分析模块

通过前两个模块分别生成了微观个体财富和房产税政策实施两个数据库，建立了一个房产税制度微观模拟模型。下面我们将该模型导入 Stata 软件，并利用 DASP（distributive analysis stata package）程序包实现效应分析模块的计算。效应分析模块是指基于微观个体数据，依据各种指标测度不同房产税改革方案的效果，包括两方面内容：（1）房产税整体财富分配效应，主要对 MT 指数、平均税负和 Suits 指数进行测度分析；（2）房产税各税制要素对财富分配效应的影响，即对 MT 指数进行分解，计算纵向及横向公平效应、税率效应及免征效应。具体效应分析结果如下所述。

3.3.3.1 房产税整体财富分配效应结果

1. 税前、税后财富基尼系数与 MT 指数测度结果。

利用每个居民拥有房屋的税前市场价值和税后市场价值数据，我们计算住房财富税前、税后基尼系数与 MT 指数，如表 3.2 所示。

表 3.2   住房财富税前、税后基尼系数与 MT 指数

年份	测度方案	全国		城镇	
		基尼系数	MT 指数	基尼系数	MT 指数
2008	税前	0.8534	—	0.4857	—
	方案 1	0.8521[①]	0.0013	0.4812	0.0045
	方案 2	0.8513	0.0021	0.4785	0.0073
	方案 3	0.8513	0.0021	0.4784	0.0073
	方案 4	0.8509	0.0025	0.4770	0.0088
	方案 5	0.8488	0.0045	0.4698	0.0159
	方案 6	0.8460	0.0073	0.4600	0.0258
	方案 7	0.8509	0.0024	0.4772	0.0085
	方案 8	0.8490	0.0044	0.4702	0.0155
	方案 9	0.8462	0.0072	0.4604	0.0253
	方案 10	0.8514	0.0020	0.4787	0.0071
	方案 11	0.8497	0.0037	0.4730	0.0128
	方案 12	0.8474	0.0059	0.4650	0.0208
	平均值	0.8494	0.0038	0.4725	0.0133

续表

年份	测度方案	全国		城镇	
		基尼系数	MT 指数	基尼系数	MT 指数
2011	税前	0.8559	—	0.4945	—
	方案 1	0.8539	0.0020	0.4878	0.0067
	方案 2	0.8526	0.0033	0.4832	0.0113
	方案 3	0.8522	0.0037	0.4817	0.0128
	方案 4	0.8531	0.0028	0.4848	0.0097
	方案 5	0.8508	0.0051	0.4770	0.0175
	方案 6	0.8481	0.0078	0.4673	0.0272
	方案 7	0.8533	0.0026	0.4855	0.0090
	方案 8	0.8512	0.0047	0.4783	0.0162
	方案 9	0.8485	0.0074	0.4688	0.0257
	方案 10	0.8538	0.0021	0.4872	0.0073
	方案 11	0.8521	0.0038	0.4815	0.0130
	方案 12	0.8499	0.0060	0.4738	0.0207
	平均值	0.8516	0.0043	0.4797	0.0148
2013	税前	0.8525	—	0.4827	—
	方案 1	0.8502	0.0023	0.4752	0.0075
	方案 2	0.8484	0.0041	0.4699	0.0128
	方案 3	0.8461	0.0064	0.4676	0.0151
	方案 4	0.8497	0.0028	0.4724	0.0103
	方案 5	0.8476	0.0049	0.4643	0.0184
	方案 6	0.8448	0.0077	0.4547	0.0280
	方案 7	0.8496	0.0029	0.4730	0.0097
	方案 8	0.8473	0.0052	0.4654	0.0173
	方案 9	0.8445	0.0080	0.4557	0.0270
	方案 10	0.8504	0.0021	0.4746	0.0081
	方案 11	0.8488	0.0037	0.4682	0.0145
	方案 12	0.8482	0.0043	0.4601	0.0226
	平均值	0.8480	0.0045	0.4667	0.0159

注：①该数据是采用方案 1 征税后住房财富的基尼系数。

从表 3.2 可知,2008 年、2011 年和 2013 年征税前我国住房财富的基尼系数为 0.8534、0.8559 和 0.8525,而在许多发展中国家,这一指标为 0.50 ~ 0.85(Yemtsov,2008),可见我国住房财富的不平等程度较高。征税前城镇居民在 2008 年、2011 年和 2013 年 的 住 房 财 富 基 尼 系 数 分 别 为 0.4857、0.4945 和 0.4827,反映了城镇居民住房财富的不平等程度远远低于全国总体水平。

从时间上来看,2008 年、2011 年和 2013 年的平均 MT 指数值逐年上升。以城镇住房财富的 MT 值为例,分别为 0.0133、0.0148 和 0.0159,表明房产税的财富公平分配效应随着时间推移更明显。

从整体上来看,反映房产税财富分配效应的 MT 指数均为正数,表明房产税对调节财富分配不公起到了积极的作用。全国住房财富 MT 值在 0.0013 ~ 0.0080 之间,MT 指数普遍较小,房产税调节全国住房财富公平的效应不明显。这是由于房产税的征收金额不多,需要纳税的家庭占全国家庭总数的比重也比较小。而城镇住房财富的 MT 指数普遍较高,2008 年、2011 年和 2013 年的城镇住房财富 MT 指数均值均是全国住房财富 MT 指数均值的 3.5 倍左右,房产税对城镇住房财富的分配效应影响程度较大。这主要是由于需要纳税的家庭占城镇家庭总数的比重相对较大。

2. 平均税负与 Suits 指数测度结果。

为测算房产税的平均税负,选取 2008 年、2011 年 2013 年三个时期的三种方案为代表,按照式(3.3)进行计算。三种方案分别是免税面积为 0 平方米、平均税率最高的方案 3,免税面积为 15 平方米、平均税率中等的方案 5,免税面积为 30 平方米、平均税率最低的方案 10。平均税负计算结果如表 3.3 所示。

表 3.3　　　　　　　　十等分组房产税平均税负　　　　单位:%

十等分组	2008 年			2011 年			2013 年		
	方案 3	方案 5	方案 10	方案 3	方案 5	方案 10	方案 3	方案 5	方案 10
1	23.73	0.17	0.00	23.08	1.13	0.00	22.99	1.43	0.00
2	23.42	1.70	0.00	23.31	2.59	0.08	23.03	3.04	0.08
3	24.03	3.56	0.15	23.88	4.20	0.21	23.64	4.81	0.29
4	24.15	4.95	0.26	23.78	5.08	0.34	23.40	5.34	0.34
5	24.07	5.62	0.34	23.93	5.52	0.30	23.19	6.00	0.46
6	24.12	5.53	0.45	23.34	6.01	0.59	23.10	6.34	0.92
7	24.32	6.43	0.86	23.45	6.23	0.87	24.52	6.87	0.96
8	23.14	6.92	0.93	24.93	7.09	1.02	25.72	7.80	1.22
9	24.29	8.03	1.09	26.08	8.43	1.19	25.96	9.37	1.80
10	27.44	12.93	4.36	29.22	14.01	4.66	29.98	14.65	5.11
均值	25.19	8.61	2.00	26.10	9.00	2.09	26.37	9.55	2.38

从表 3.3 可以看出,整体上来说,平均税负都是随房屋税前市场价值的上升而上升,表明房产税是累进的。而在一些方案中,平均税负并未随等分组的上升严格上升。例如,2008 年的方案 3 中,第 8 组比第 7 组低了 1.18 个百分点。这是由于不同家庭的人口数和当地住房平均价格有差异,从而免征额不同,导致具有相同税前市场价值的房屋的纳税额有所不同。税前市场价值较高的房屋的纳税额可能较低,这样平均税负就可能随等分组的上升而下降。

以房产税改革方案在 2008 年模拟实施的效果为例来看,采用方案 3 时,总体平均税负为 25.19,分别是方案 5、方案 10 的 2.92 倍、12.57 倍,各方案平均税负的差距很大。这是因为方案 3、方案 5 与方案 10 设计的免税面积不同,方案 3 的免税面积为 0 平方米,缴纳的房产税额较多,税收额占房屋税前财富的比例较大,导致总体平均税负的值也较大。方案 3、方案 5 与方案 10 十等分组中最高组的平均税负分别为最低组的 1.16 倍、74.83 倍、29.07 倍,方案 5 各组之间的平均税负差距最大,累进程度最好,方案

10 次之，而平均税负最大的方案 3 各组之间的平均税负差距最小，累进程度较差。这是由于税收累进性是由免征额与税率类型产生的效应共同决定的。方案 3 没有免税面积，虽然提高了平均税负，却降低了累进性；方案 10 虽然免税面积最大，但平均税负较低，于是累进程度较低。

以 2008 年数据为例，根据式（3.4）计算得出房产税改革方案 3、方案 5、方案 10 的 Suits 指数，如表 3.4 所示。根据计算结果，房产税各改革方案的 Suits 指数均大于 0，表明房产税为累进性税种。比较方案 3、方案 5、方案 10，Suits 指数随着免税面积和税率的增加而增大，表明增加免税面积和税率对增大房产税累进性具有积极作用。①

表 3.4　　　　　　　　房产税各改革方案 Suits 指数

指标	方案 3	方案 5	方案 10
Suits 指数	0.0321	0.2191	0.4614

3.3.3.2　房产税各税制要素的影响结果

1. 回归分析。

为进一步考察免税面积和各种税率类型对 MT 指数的影响，建立一个包含定量变量和三分定性变量的回归模型：

$$MT_i = \beta_1 + \beta_2 D_{2i} + \beta_3 D_{3i} + \beta_4 AREA_i + u_i \qquad (3.12)$$

其中，$AREA$ 表示免税面积，D_2、D_3 为虚拟变量：

$$D_2 = \begin{cases} 1 \text{ 第二种税率类型} \\ 0 \text{ 其他} \end{cases} \qquad D_3 = \begin{cases} 1 \text{ 第三种税率类型} \\ 0 \text{ 其他} \end{cases}$$

以 2008 年的数据为例，得到回归结果如表 3.5 所示。

---

① 由于计算方法的原因，这个结果和上面的分析略有不同，但不影响我们的基本结论。

表 3.5　　　　税率类型、免税面积对 MT 指数的影响

解释变量	城镇住房财富	全国住房财富
	系数（标准误）	系数（标准误）
C	0.0033	0.0009
	(0.0032)	(0.0009)
D_2	0.0057	0.0016
	(0.0035)	(0.0010)
D_3	0.0126 ***	0.0036 ***
	(0.0035)	(0.0010)
$AREA$	0.0002 *	0.0001 *
	(0.0001)	(0.0000 ****)
N	12	12
R^2	0.6774	0.6817
$\bar{R}^2$	0.5564	0.5624

注：① ***、* 分别表示在 1% 和 10% 的显著性水平下显著。
② **** 表示数值很小。
③ 估计所用的软件为 EViews 6.0。

表 3.5 显示，在每一个方程中，D_2 和 D_3 的系数均为正数，而且 $D_3 > D_2$，即相对于第一种税率类型来说，第三种税率类型影响 MT 指数增加的程度大于第二种税率类型。这说明在免税面积相同的情况下，随着税率的提高，MT 指数增加，房产税的调节作用越明显。但是 D_2 的系数在城镇住房财富和全国住房财富的方程中均未通过显著性检验，而 D_3 的系数在两个方程中都通过显著性检验，说明从统计结果来看，税率类型与房产税财富分配效应并不严格的显著相关。另外，$AREA$ 的系数在两个方程中均通过显著性检验且均为正，这说明免税面积与 MT 指数显著相关，免税面积越大，房产税的公平分配效应越明显。

2. 横向公平效应与纵向公平效应。

上述回归结果揭示了税率类型和免税面积与 MT 指数具有一定的相关性，但其结论只是说明了各税制要素影响房产税财富分配效应的总体趋势，有必要进一步分析。因此，以 2008 年的数据为例，运用 3.2 节财富分配效应的分解方法，将 MT 指数分解为横向公平效应和纵向公平效应，具体结果如表 3.6 所示。

表 3.6 各方案横向公平效应和纵向公平效应比较

指标	方案 1	方案 2	方案 3	方案 4	方案 5	方案 6	方案 7	方案 8	方案 9	方案 10	方案 11	方案 12	平均值
税前基尼系数 (G_X)	0.4812	0.4857	0.4857	0.4857	0.4857	0.4857	0.4857	0.4857	0.4857	0.4857	0.4857	0.4857	0.4857
税后基尼系数 (G_Y)	0.4812	0.4785	0.4784	0.4770	0.4698	0.4600	0.4772	0.4702	0.4604	0.4787	0.4730	0.4650	0.4725
MT 指数 (MT)	0.0045	0.0073	0.0073	0.0088	0.0159	0.0258	0.0085	0.0155	0.0253	0.0071	0.0128	0.0208	0.0133
税后财富集中率 (C_Y^X)	0.4812	0.4784	0.4781	0.4767	0.4693	0.4587	0.4770	0.4697	0.4592	0.4785	0.4726	0.4641	0.4720
平均税负 (t)	0.0832	0.1508	0.2519	0.0474	0.0861	0.1442	0.0302	0.0548	0.0912	0.0200	0.0362	0.0598	0.0880
税收集中率 (C_T^X)	0.5360	0.5272	0.5083	0.6666	0.6601	0.6459	0.7665	0.7614	0.7499	0.8383	0.8344	0.8252	0.6933
P 指数 (P)	0.0503	0.0415	0.0226	0.1809	0.1744	0.1602	0.2808	0.2757	0.2642	0.3526	0.3487	0.3395	0.2076
横向公平效应 ($C_Y^X - G_Y$)	0	-0.0001	-0.0003	-0.0003	-0.0005	-0.0013	-0.0002	-0.0005	-0.0012	-0.0002	-0.0004	-0.0009	-0.0005
纵向公平效应 ($tP/(1-t)$)	0.0046	0.0074	0.0076	0.0090	0.0164	0.0270	0.0088	0.0160	0.0265	0.0072	0.0131	0.0216	0.0138

　　表 3.6 显示了 MT 指数分解为横向公平效应和纵向公平效应的结果。横向公平效应指标均为负值，平均值是 -0.0004，表明房产税改变了个人按税前财富的排序，违背了横向公平原则，但程度非常小，其导致横向不公平的效应可以忽略。而 12 种方案的纵向公平效应指标均值为 0.0138，与 MT 指数的均值 0.0133 很接近，意味着房产税财富再分配效应程度主要取决于纵向公平效应的大小。

　　如 3.2 节的讨论所示，纵向公平效应由平均税负与税收累进性决定。我们以方案 3、方案 5、方案 8、方案 10 为例分析平均税负 t、累进性指标 P 对纵向公平效应的影响。从整体上来看，方案 3、方案 5、方案 8、方案 10 的平均税负依次下降，分别为 0.2519、0.0861、0.0548、0.0200，平均税负的减小削弱了房产税的纵向公平效应；与此相反，P 指数依次增加，分别为 0.0225、0.1744、0.2757、0.3526，增强了房产税的纵向公平效应。两种效应共同作用的结果是纵向公平效应短暂的增强后逐渐减弱。这说明平均税负和累进性都是影响房产税财富分配效应的主要因素。

　　3. 税率效应与免征额效应。

　　税率和免征额都会对房产税财富分配效应产生影响。以 2008 年城镇住房财富的 MT 指数为例，免税面积均为 15 平方米的方案 4、方案 5、方案 6，MT 指数随着平均税率的提高而增大，分别为 0.0088、0.0159、0.0258。而在税率类型相同的情况下，随着免税面积的增加，房产税的财富分配效应普遍呈现先增后减的趋势，免税面积为 15 平方米时 MT 指数最大。

　　为了进一步分析税率和免征额对房产税财富分配效应的影响，可以将衡量房产税累进性的 P 指数分解为税率效应与免征额效应，如表 3.7 所示。

表 3.7　　　　　　　　　　各方案税率效应与免征额效应比较

测度方案	P 指数	税基集中率	税率效应	税率类型对累进性的贡献（%）	免征额效应	免征额对累进性的贡献（%）
方案 1	0.0503	0.4857	0.0503	100	0.0000	0
方案 2	0.0415	0.4857	0.0415	100	0.0000	0
方案 3	0.0226	0.4857	0.0226	100	0.0000	0
方案 4	0.1809	0.6290	0.0376	21	0.1433	79
方案 5	0.1744	0.6290	0.0311	18	0.1433	82
方案 6	0.1602	0.6290	0.0169	11	0.1433	89
方案 7	0.2808	0.7359	0.0306	11	0.2502	89
方案 8	0.2757	0.7359	0.0255	9	0.2502	91
方案 9	0.2642	0.7359	0.0140	5	0.2502	95
方案 10	0.3526	0.8130	0.0253	7	0.3273	93
方案 11	0.3487	0.8130	0.0214	6	0.3273	94
方案 12	0.3395	0.8130	0.0122	4	0.3273	96
平均值	0.2076	0.6659	0.0274	13	0.1802	87

税率效应与免征额效应基本上为正数，说明税率类型与免征额均可以影响房产税的累进性。从免征额和税率类型对整体税制累进性的贡献程度来说，12 种税收方案中税率类型的平均效应为 0.0274，贡献程度为 13%；而免征额的平均效应为 0.1802，贡献程度为 87%。由此可见，模拟设计的 12 种方案中房产税的整体累进性主要来源于免征额，税率类型的贡献较小。

在既定的税率类型下，P 指数随着免征面积的增加而增加，表明在一定范围内，房产税的免税面积越大，其影响税收累进性越强。在免税面积相同的条件下，税收累进性随着税率的提高而下降。虽然增大免税面积和降低税率可以增强房产税的累进程度，但是也降低了平均税负，调节房产税财富分配效应的程度可能会变小。如表 3.6 中方案 10 的免税面积最大为 35 平方米，税率最低，但财富分配效应指标 MT 指数却不是 12 种改革方案中最高的。

因此，在平均税负较低的情况下，仅靠增强税收累进程度来加强房产税对财富公平分配的调节功能是十分有限的。

3.4　结论及政策含义

本章使用微观模拟建模方法基于44343个居民的家庭调查数据对我国房产税的财富分配效应进行测度。在梳理对房产税改革的各种建议的基础上，根据免税面积、平均税率和累进程度的不同，我们提出了12种可供选择的改革方案。运用税收资本化方法，测算了每个居民承担的税负。使用税负金额，计算了住房财富税前、税后基尼系数与MT指数，并将MT指数分解为横向公平效应与纵向公平效应、税率效应与免征额效应。结果显示：（1）房产税对调节财富不公平起到了积极的作用，且主要是对促进城镇住房财富的公平分配比较明显；（2）房产税财富再分配效应程度主要取决于纵向公平效应的大小，即由平均税负和累进性决定，平均税负和累进性都是影响房产税财富分配效应的主要因素；（3）税率类型与免征额均可以影响房产税的累进性，免征额对累进性的贡献程度更大。

本章的研究结果对房产税改革的政策制定具有启示作用。首先，鉴于我国房产税覆盖范围小，为充分发挥房产税的财富分配效应，有必要扩大征税范围，向存量房征税。虽然重庆市房产税试点中已经对主城区内符合要求的存量独栋商品住宅征收房产税，但确定征税的存量房产较少，远不能达到调节财富分配的目的（安体富、葛静，2012）。因此，需要加快向全国存量房征收房产税的步伐。其次，基于房产税改革正处于起步阶段，考虑到农村地区经济基础薄弱，除个别例外，不宜向农村住宅开征房产税，现阶段仅对城镇住房征收房产税。[①]

　　我们可以从免征额和累进税率两方面制定合理的房产税改革方案。一是制定适中的免征额。提高免征额，一方面，因其对累进性贡献程度较高，会显著增强房产税的累进性；另一方面，会减少应纳税住房财富，进而减少应纳税额，降低实际平均税负。两方面的共同作用对财富分配的影响不确定。过大与过小的免征额都不利于房产税发挥公平分配作用，因此需要确定适中的免征额。二是制定较高的累进税率。如果要使房产税起到明显的财富调节作用，需要较高的名义平均税率和累进程度。根据本书的分析，许多学者建议的 2% 以下的税率所起作用是很有限的，因此可以考虑制定比较高的累进税率。

---

　　① 各地情况差别很大，对个别农村地区是否征税可以由地方政府决定。

第4章 房产税改革公平效应的问卷调查分析

　　房产税的遵从程度对于达到其开征目的起着重要作用，而居民对房产税公平的态度则会影响税收遵从。分析纳税人对房产税改革公平性的态度，可以使房产税政策的制定更有针对性和科学性，为房产税改革提供思路。①

　　关于态度的定义有多种，目前被心理学家普遍接受的定义认为态度是以认知、情感和行为为基础，根据某个评价维度对刺激所作的分类。认知成分指个体对态度对象的想法，包括了解的事实、掌握的知识以及持有的信念等。情感成分主要指个体对态度对象的评价。行为成分指个体对态度对象的行为倾向。态度包含了行为倾向，影响个体的行为。因此，根据上述界定，纳税人对房产税制度的公平感属于态度，税收遵从意愿作为一种行为倾向，也属于态度。② 本章将通过问卷调查方法分析居民对房产税改革模拟方案的公平感和税收遵从，考察其对房产税公平的态度。

---

　　① 房产税的财富分配效应主要涉及横向公平、纵向公平和支出公平（交换公平）。这三种公平效应和程序公平（行政公平）紧密联系，我们遵循大多数关于税收公平的文献的做法，将其结合起来进行分析。

　　② 需要注意的是，尽管遵从意愿与遵从行为有所不同，但大量研究表明，态度和行为之间的一致性是很高的（Kraus，1995）。本章通过问卷调查居民的遵从意愿，基本可以由此预测居民的遵从行为。在后面的论述中，税收遵从意愿与税收遵从行为一般不作区分，统一用"税收遵从"一词称之。

本章的结构安排如下：4.1节分析本章的研究背景；4.2节从税收公平感的维度、税收遵从理论和公平感对税收遵从的影响三方面进行文献综述；4.3节建立理论模型；4.4节旨在识别房产税公平感的构成维度和归纳各维度的统计特征；4.5节探究房产税公平感的影响因素；4.6节分析房产税公平感对税收遵从产生的影响；4.7节是本章的结论及政策含义。

4.1　研究背景

我国现行房产税存在的一些问题可能会影响纳税人的公平感，进而对纳税人的遵从行为产生影响。这些问题主要包括：第一，房产税征税范围狭窄，没有体现普遍征税原则（笪可宁、张仕祺，2013；段智晓、康赣华，2014）；第二，房产税计税依据为房屋的原始交易价格，税负没有随房屋的市场价值升降变化，造成不公平（葛静、安体富、陈宇，2013）；第三，房产税以房价为计税依据，可能存在纳税人税负与支付能力不相称的情况，造成不公平（刘洪玉、郭晓旸、姜沛言，2012）；第四，税务部门的管理工作不到位，造成一些公平问题（笪可宁、张仕祺，2013）。房产税的这些特点可能导致纳税人做出税收不遵从的决策。以上海市为例，2014～2016年，上海市房产税收入分别为999503万元、1238128万元、1709549万元，平均增幅30.97%。[1] 房产税欠税额分别为476.58万元、524.56万元、923.10万元，平均增幅43.02%。[2]

房产税不遵从会给经济和社会发展带来很多负面影响。第一，从长期来看，房产税是地方政府开征的重要税种，是地方财政收

---

① 数据来源：http：//www.tax.sh.gov.cn/pub/xxgk/sstj/.

② 数据来源：http：//www.tax.sh.gov.cn/pub/xxgk/ssgg/.

入的主要来源之一。房产税不遵从行为会造成地方财政收入的减少，因此地方政府用于满足公共需求的政府支出就会减少，不利于地方经济的发展。第二，房产税具有调节财富分配的作用，房产税不遵从行为不利于降低区域内居民的财富集中度。第三，做出税收不遵从行为的纳税人的税负少于其他依法纳税的居民的税负，这会引起依法纳税的居民的不公平感。为了满足公平感的需要，一些原本依法纳税的居民可能会做出税收不遵从行为，长此以往，社会中会形成不诚实纳税的风气。因此，房产税制度设计应该考虑房产税的遵从程度。

　　房产税遵从意愿受到很多因素的影响，本书主要探讨纳税人公平感对遵从意愿的影响。居民对房产税改革模拟方案的公平感由哪些维度构成？这些维度的影响因素有哪些？房产税公平感会影响税收遵从吗？这是本章和下一章将要分析的问题。

4.2　相关文献综述

4.2.1　税收公平感的维度[①]

　　当人们被问及税收时，最常提到的话题就是公平问题（Braithwaite，2003）。公平感是指居民内心产生的对观察到和经历过的社会现象的感受，主要是一种源于比较中的感知，这种比较包括自我比较和与他人的比较。税收公平感是纳税人在纳税过程中产生的一种关于公平的心理感受，其影响因素多种多样，包括税收知识、税制复杂性、税收是否合理使用、纳税服务质量、纳税人的

---

　　① 税收公平与税收公平感既相互联系又有所区别。税收公平这一概念侧重于事实，而税收公平感是对事实的主观判断。在本章中，我们不做严格区分。

税收负担、税务机关的执法情况和处罚力度等。税收公平感的概念是复杂的,存在多种维度。杰克逊和米利龙(Jackson & Milliron,1986)指出,税收公平至少存在两种维度:一是政府与纳税人之间的交换公平;二是不同纳税人之间的税负公平。格宾(Gerbing,1988)通过调查研究确定了税收公平的四种基本维度:一般公平、交换公平、对富人征税的态度和税率结构。克里斯滕森、韦里克和纽曼(Christensen,Weihrich & Newman,1994)通过调查 296 名美国学生来研究教育对公平感的影响,他们在研究中发现了格宾提出的四种基本维度和另外一种称为自我利益的维度。博贝克(Bobek,1997)在对美国所得税制度的研究中提出所得税公平涉及分配公平、程序公平和政策公平,其中,分配公平包括横向公平和纵向公平。陈成文和张晶玉(2006)把影响纳税行为的社会公平感分为权利公平感、机会公平感、过程公平感和分配公平感。尚力强(2006)主张税收公平应包括定税公平、征税公平、分税公平和用税公平四种维度,其中,定税公平包括横向公平和纵向公平。乔纳森(Jonathan,2011)认为加拿大纳税人的税收公平包括横向公平、纵向公平、交换公平、程序公平。

国内外学者们对公平维度的命名存在差异,但是总的说来包含横向公平、纵向公平、程序公平和交换公平等方面。如"对富人征税的态度"与纵向公平的含义相同;"税率结构"包括横向公平和纵向公平;"自我利益"受交换公平、横向公平、纵向公平的影响等。横向公平指经济情况类似的纳税人应该缴纳相同的税额。纵向公平通常与支付能力有关,即收入高的纳税人应该比收入低的纳税人支付更多的税(Kirchler,Niemirowski & Wearing,2006)。程序公平用于判断税务机关的执法程序是否公平,更具体地说,人们不仅关心他们在执法程序中获得的结果,而且也关心他们受到的待遇。相关的待遇包括中立、不带偏见、诚实、公正、礼貌和尊重公民权利(Murphy & Tyler,2008)。根据利义撒尔(Leventhal，1980）的观点，如果执法程序满足一致性、代表性、避免偏见、正确性、修正性和道德性，则程序是公平的。泰勒和利德（Tyler & Lind，1992）在程序公平的概念中增加了其他标准，包括受尊重性、发言权和中立性。纳税人对程序公平性的看法还受税制复杂性、税收执法的效率和审计专业性的影响（Carnes & Cuccia，1996；Wallschutzky，1984）。交换公平指纳税人的税负应该与获得的政府提供的公共服务一致。有关税收公平维度的研究大多数都是关于所得税的，但税收公平认知的多维度不仅限于所得税，也适用于财产税，如瑟曼斯、迪斯金和弗莱第（Sirmans，Diskin & Friday，1995），瑟曼斯、加茨拉夫和麦克弗森（Gatzlaff，Sirmans & Macpherson，2008）就提出房产税征税过程中存在横向不公平和纵向不公平。

4.2.2　税收遵从理论

为了理解税收遵从行为，学者们做了大量研究。这些研究横跨各个学科，如会计学、经济学、政治学、公共行政和心理学（Saad，2011）。杰克逊和米利龙（Jackson & Milliron，1986）通过对 1974～1985 年进行的 43 项税收遵从研究的分析，确定了影响遵从行为的 14 个关键因素，包括年龄、性别、学历、收入水平、收入来源、职业、同伴影响、税收道德、公平性、税制复杂性、税收执法程序、处罚、稽查率和税率。他们还指出，需要进一步关注税收道德、公平性、税制复杂性、稽查率和税率对遵从行为的影响。与他们的建议一致，这些因素得到了更多的关注（Richardson & Sawyer，2001）。研究上述因素对税收遵从的影响主要采用两种基本方法：经济威慑方法和行为研究方法（James & Alley，2002）（见表 4.1）。

表4.1		有关税收遵从的经典理论
基本研究方法	主要理论	主要观点
经济威慑方法	A-S模型	理性纳税人的税收遵从决策受到收入水平、税率、稽查率和罚款率等因素的影响
	税收博弈论	征纳双方存在博弈,税收稽查成本和处罚程度等会影响税收遵从
行为研究方法	前景理论	纳税人在风险或者不确定性条件下进行的决策不是完全理性的,其风险偏好会影响税收遵从
	卡托纳模型	纳税人的税收遵从行为受纳税心理过程影响,而纳税心理过程受税率、惩罚率等外部环境因素的影响
	斯特姆贝尔模型	纳税人的纳税心理过程不仅受外部环境因素的影响,还受个人内在因素的影响
	范拉伊模型	纳税行为是一个循环往复的过程,受到经济因素和心理因素的共同影响

4.2.2.1 经济威慑方法

经济威慑方法是从传统经济学角度研究经济因素对税收遵从的影响。A-S模型和税收博弈论都是基于经济威慑方法对税收遵从的研究。阿林厄姆和桑德姆(Allingham & Sandmo,1972)以效用最大化理论为基础提出A-S模型来研究税收遵从行为。A-S模型研究了纳税人的收入水平、税率、稽查率和处罚率等因素对偷逃税的影响。由于A-S模型无法充分解释纳税人在现实中的遵从决策,许多学者从理论分析或经验研究着手,通过放宽一些假设和约束条件,对该模型进行了改进,使这个理论模型更接近于实际(金鹏,2008)。如伊达沙基(Yitzhaki,1974)对A-S模型进行扩展,将逃税额作为罚款的依据,确立了A-S-Y模型。税收博弈论主要研究征纳双方的相互作用,可以解释税收稽查成本和处罚程度等因素对税收遵从的影响(孙玉霞,2008)。

4.2.2.2　行为研究方法

在利用经济威慑方法研究税收遵从的文献中，纳税人被假定是理性经济人。但事实上，纳税人在进行遵从与否的决策时并非完全理性，也可能会受到很多非经济因素的影响，比如受教育程度等个人因素和社会交往、道德规范等社会文化因素。

行为研究方法综合考虑了经济、心理和社会因素对税收遵从的影响。基于行为研究方法的文献可以分为两类。一是突破理性经济人的假设，从个体进行决策时的非理性角度出发，研究税收不遵从决策中纳税人的非理性选择产生的影响，主要运用卡尼曼和特沃斯基（Kahneman & Tversky，1979）提出的前景理论。例如，一些学者基于前景理论，从行为经济学角度研究了纳税人个人风险偏好对税收遵从的影响。二是重点研究社会环境、税收道德等因素对纳税人心理动机造成的影响，以及心理动机对税收不遵从行为的影响，从而探讨个体行为的决策模式，主要运用卡托纳（Katona，1951）提出的卡托纳模型、斯特姆贝尔（Strumpel，1972）提出的斯特姆贝尔模型和拉伊（Raaij，1981）提出的范拉伊模型。

4.2.3　公平感对税收遵从的影响

人们的行为与他们的公平感有着密切的联系（Tyler，Boeckmann & Smith，1998）。当人们感受到不公平时，会采取某些行动消除不公平，恢复心理上的平衡。在税收领域，当人们感受到不公平时，可能会利用税收不遵从行为来消除不公平。公平感是影响纳税人遵从的主要因素（Spicer，1980；Jackson & Milliron，1986；Andreoni，Erard & Feinstein，1998；Maroney，Rupert & Anderson，1998；陈成文、张晶玉，2006）。不同维度的公平对纳税人行为的影响是不同的（Palil，2010）。根据本书的研究目的，我们综述横向公平、纵向公平、程序公平和支出公平对税收遵从的影响。

4.2.3.1　横向公平、纵向公平对税收遵从的影响

横向公平涉及相同境况的纳税人的收入金额与应纳税额之间的比较。斯派塞和贝克尔（Spicer & Becker，1980）通过设置不同的税率，控制参与者的相对税收负担，考察其对逃税行为的影响。参与者的税收负担有低于、等于或高于平均水平三种情况。他们发现，税负高于平均水平的纳税人的逃税率最高，税负低于平均水平的纳税人的逃税率最低。金赛（Kinsey，1992）也发现，纳税人的税收负担高于其他纳税人时往往不太遵守税法。文策尔（Wenzel，2002）、萨阿德（Saad，2009）以及特里维迪、谢哈塔和林恩（Trivedi，Shehata & Lynn，2003）发现，横向公平与税收遵从之间存在正相关关系。马罗尼、鲁伯特和沃提克（Maroney，Rupert & Wartick，2002）发现，横向公平与纳税人的税收遵从决策相关。童疆明（2008）通过设计实验来研究社会公平感对税收遵从的影响，发现当纳税人感受到不公平时，会通过逃税的方式来减少其在交换关系中的贡献；纳税人的税率低于平均税率时的税收遵从率高于纳税人的税率高于平均税率时的税收遵从率。

关于纵向公平感与税收遵从的关系，马罗尼、鲁伯特和安德森（Maroney，Rupert & Anderson，1998），马罗尼、鲁伯特和沃提克（Maroney，Rupert & Wartick，2002）以及基治拿、涅米罗斯基和韦尔林（Kirchler，Niemirowski & Wearing，2006）发现，纵向公平与税收遵从之间存在正相关关系，但萨阿德（Saad，2010）的研究发现，马来西亚人的纵向公平与税收遵从之间不存在正相关关系，原因可能是税率结构的差异。

4.2.3.2　程序公平对税收遵从的影响

对纳税人来说，在纳税过程中受到公平对待和尊重是重要的。程序公平解释了为什么人们有时会反对权威决策和规则。对税务机关来说，程序公平很重要，因为公正的程序确保其执法的合法性（Tyler，2006）。另外，研究表明，程序公平会影响纳税人对税务机关作出的决定的接受程度和纳税人对税务机关的信任（Murphy，2004），从而影响个人与管理当局合作的积极性（Tyler，1990；Cremer，Tyler & Ouden，2005）。波尔卡罗（Porcano，1984）认为，纳税人的不公平感会受到他们在税收体系中的地位的影响，因此需要公平地对待纳税人使他们感受到公平。沃瑟姆（Worsham，1996）指出，税务局可以用来提高税收遵从度的一个有效办法是提高纳税人的程序公平感。墨菲（Murphy，2004）调查了澳大利亚大多数纳税人公然藐视税务机构要求他们返还以前多计的税收优惠公告的原因，发现主要是因为税务机构的工作程序不公正，以致他们有强烈的程序不公平感。他通过研究发现程序公平感与纳税遵从正相关。陈成文和张晶玉（2006）提出，加强执法的公正性可以减轻不公平感对纳税行为的不良影响。其他一些研究也发现，程序公平与税收遵从之间存在正相关关系（Porcano，1988；Wenzel，2002；Hartner，Rechberger & Kirchler et al，2008；Verboon & Goslinga，2009；Verboon & Dijke，2011）。

4.2.3.3　交换公平（支出公平）[①] 对税收遵从的影响

公平理论认为，人们会评估他们的投入和所获得的收益，从而做出公平与否的判断。纳税人与政府交换关系中的贡献和收益的相对大小会影响纳税人对交换公平的判断（Kim，2002）。阿

---

① 交换公平和支出公平两个概念大同小异，本书不做严格区分。

尔姆和麦基（Alm & Mckee, 1992）通过实证研究发现, 当政府将税收用于纳税人所支持的、参与度和信息公开度较高的工程项目时, 纳税人的税收遵从度更高。金（Kim, 2002）的实验研究发现, 没有获得政府公共转移的纳税人认为其与政府的交换存在不公平, 如果纳税人认为公平是重要的, 则没有获得公共转移的纳税人会比获得公共转移的纳税人申报更少的收入。李林木和赵永辉（2011）的研究也指出, 政府与纳税人之间的交换公平度会影响纳税人的税收遵从度, 因此, 可以通过细化公共预算、调整财政支出结构、优化公共品供给方式等提高纳税人的税收遵从度。还有一些学者也发现, 交换公平与税收遵从之间存在显著的正相关关系（Wallschutzky, 1984; Porcano, 1988; Maroney, Rupert & Wartick, 2002; Richardson, 2006）。但在梅森和卡尔文（Mason & Calvin, 1978）的研究中, 研究者用了两个问题调查政府行为对税收遵从的影响, 没有发现交换公平与税收遵从之间存在显著的正相关关系, 原因可能是调查不充分使结果不明显。

虽然关于税收公平感及其与税收遵从的关系已有一些研究成果, 但尚未发现关于房产税公平感的构成维度、影响因素及其对税收遵从的影响的文献。因此, 本章运用问卷调查结果, 用交叉证实方法（cross validation, CV）识别房产税公平感的构成维度, 利用平均数差异检验研究房产税公平感的影响因素, 通过结构方程模型（structural equation modeling, SEM）检验房产税公平感对税收遵从的影响。

4.3　理论模型

从"经济人"的角度来看, 纳税主体会以自身利益最大化为目标做出纳税决策，即用自己最小的经济代价（纳税额）去获得最大的经济利益（公共服务）。但是，纳税人不仅是"经济人"也是"社会人"。"经济人"假设具有局限性，由于知识结构、社会阶层、文化背景等的影响，每个纳税人都有各自的道德观念，从而影响其行为。

目前，学者们用于研究纳税人行为的模型不少，包括运用卡托纳模型、斯特姆贝尔模型和范拉伊模型分析纳税人的行为决策。与卡托纳模型和斯特姆贝尔模型相比，运用范拉伊模型能更好地解释环境条件、公平感和遵从行为之间的关系。因此，本章以修正的范拉伊模型作为研究的理论模型。我们首先介绍范拉伊模型，然后将范拉伊模型具体运用到房产税中。

4.3.1　范拉伊模型

经济心理学家拉伊（Raaij，1981）提出了范拉伊模型，该模型强调经济行为、心理感知和经济环境等因素之间的反馈关系。从范拉伊模型可以看出，人的行为受到经济因素和心理因素的共同影响。在范拉伊模型中，影响经济行为的各种因素之间的关系如图 4.1 所示。

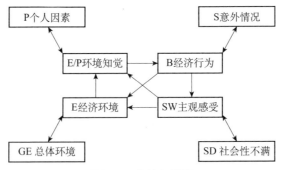

图 4.1　范拉伊模型

图 4.1 显示，经济环境（E：environment）、环境知觉（E/P：perceived environment）、经济行为（B：behavior）和主观感受（SW：subject well-being）这 4 组要素的相互作用构成了范拉伊模型的主循环。该循环以经济环境为起点，每组要素都与其他要素存在特定联系。另外，这 4 组要素还分别与总体环境（GE：general environment）、个人因素（P：personal factors）、意外情况（S：situations）和社会性不满（SD：societal discontent）相互作用。

经济环境主要包括人们的收入情况、市场现状、就业情况等。环境知觉指个人对经济环境的心理感知，如对物价的期望、对收入分配是否公平的感知等。经济行为包括个人的经济行为和企业的经济行为。主观感受指经济行为给人们带来的主观感受，如由消费带来的满足或不满。总体环境包括政治体制、经济形势、社会文化、历史文化等因素。个人因素包括个人的价值观、受教育程度、年龄、职业、认知方式等因素。意外情况如紧急情况、事故、疾病等。社会性不满指人们日常的消极情绪和对社会政治经济制度的不满意感。

环境知觉受经济环境的影响。经济环境影响环境知觉的方式有三种，包括个人经历、社会交往和大众传媒，即人们会从自己与经济环境接触的经历中、社会交往的经历中或从报纸、电视等媒介获取的信息中形成对经济环境的心理感知。

环境知觉影响经济行为。环境知觉对经济行为的影响过程为：觉察—评价—行为。人们只有在对经济环境进行评估并形成对其的初步看法之后，才会进一步采取相应的经济行为。

经济行为给人们带来了主观感受，主观感受进一步以某种方式影响着环境知觉，同时也影响着经济环境。另外，经济行为也会对经济环境产生影响，如购买行为或者储蓄都能够增加或减少经济动荡。

4.3.2　范拉伊模型的修正

将范拉伊模型具体运用到房产税中，得到房产税公平感与房产税遵从的关系模型，如图 4.2 所示。模型中各个因素的内涵如下：

个人特征指纳税人的性别、学历、年龄、职业等方面的情况。收入水平指纳税人家庭年收入情况。住房价值指纳税人应税住房的价值。税负情况指纳税人的税收负担。政府行为包括政府的征税行为、用税行为等。征税行为指征税机关的行为，包括税款征收、纳税服务、税务稽查和惩罚违法行为等。用税行为指政府向公众提供公共产品及服务的行为。公平感包括纳税人将自己的税负水平与他人比较产生的公平感知，以及对政府行为的规范性和公平性，如服务质量、办事效率、对违法案件的惩罚力度等的评价和感受等。房产税遵从指纳税人的遵从意愿，包括遵从与不遵从。

在对上述模型中各因素进行了重新定义后，我们接着分析这些因素之间的作用方式。

如图 4.2 所示，个人特征、收入水平和住房价值会影响纳税人的房产税公平感。房产税税负情况通过个人经历、社会交往等方式作用于纳税人公平感。纳税人在与政府的互动过程中，会对政府的征税行为产生一系列主观评价和感受，形成一定的公平感，同时纳税人通过个人经历、大众传媒等方式了解政府的用税行为，产生一定的公平感。公平感进一步影响房产税纳税人的遵从意愿。因此，通过改变税负情况和政府行为可以提高纳税人的公平感，进而促使纳税人自觉诚实纳税。

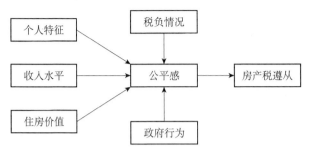

图4.2 房产税公平感与房产税遵从

4.4 房产税公平感的维度

纳税人的公平感仅仅是一个抽象的概念，如何将其具体化是一个重要的问题。本章采用问卷调查的方法对房产税纳税人的公平感进行测量。首先将模型各维度操作化，针对每个维度设计一系列相关的测量题项，编制成测量工具，之后调查答卷者对房产税公平各个题项的感知，最后根据各题项的得分来评价房产税公平感。

4.4.1 测量问卷编制

4.4.1.1 初始测量问卷的生成

结合对已有研究中的调查问卷的分析，初步确定了调查居民对房产税改革的公平感的 25 个测量题项，考察税收遵从的 6 个题项，询问居民基本情况的 7 个题项，加上 1 个开放性问题，生成了共 39 个题项的测量问卷 Λ。初步将房产税公平量表分为 4 个维度，分别是横向公平、纵向公平、交换公平与程序公平。除基本情况的 7 个题项和 1 个开放性问题外，其他所有 31 个题项均采用李克特"五点"量表进行评分，从 1~5 分依次对应非常不同意、有点不同意、不能确定、有点同意和非常同意。

将初步设计的调查问卷交由 4 位税收学专家、1 位心理学专家、1 位问卷调查专家进行审阅，并对测量题项的结构、内容、措辞等提出修改意见。在根据专家意见进行修改后，请 12 位有房产的调查对象填写问卷，观察答卷者填写问卷的状况，征求答卷者的意见。经过多次修改后，形成了初始测量问卷 B。初始测量问卷包含调查房产税公平感的 19 个测量题项，考察税收遵从的 6 个题项，询问纳税人基本情况的 7 个题项，加上 1 个开放性问题，共33 个题项。①

4.4.1.2　预试性测试

进行预试性测试的目的是检验初始测量问卷中题目的编写质量，适当的删减、修改和补充题项，以作为编制正式问卷的依据。同时，预试环节还能够提炼出初始的房产税公平感测量模型，为之后的交叉证实检验奠定基础。共发放 150 份问卷，剔除无效问卷28 份，回收有效问卷 122 份。利用 SPSS22.0 软件对样本数据进行项目分析、探索性因子分析和信度检验。

在数据分析之前先对问卷数据进行标准化处理。为了测知受试者填答的效度，在编写问卷时设置了 11 道反向题，其中，调查房产税公平感的有 5 题（A5、A7、A13、A15、A19），测试税收遵从态度的 6 题（B1、B2、B3、B4、B5、B6）。反向计分后的数据用于之后的分析中。

4.4.1.3　项目分析

项目分析的目的是检验编制的量表的可靠程度。采用临界比

---

① 在初步测试中专家和答卷者认为问卷 A 比较复杂，有的地方难以理解，所以在问卷 B 中进行了精简，例如，将原方案中较为复杂的累进税率改为 0.4% ~ 0.6% 的税率，相应地也删除了测量纵向公平的题项。

值法，将各受试者填答的题项加总，再根据测验总分高低排序，选前 27% 的受试者为高分组以及后 27% 的受试者为低分组，重新编码，将高分组编为 1，低分组编为 2，用独立样本 t 检验法得到高低两组的各题项平均数的差异显著性，最后删除未达显著性的题项。独立样本检验结果如表 4.2 所示，其中：在检验方差是否相等的 Levene 检验中，F 统计量的显著性概率值 p 若小于 0.05，则达到 0.05 的显著水平，表示在此题项上高低两组的方差不相等；反之，则未达到 0.05 的显著水平，表示两组方差相等。接下来则需要参考平均值相等的 t 检验中的 t 统计量的显著性概率值 p，若显著性概率值 p 小于 0.05，表示此题项的临界比值在 0.05 显著性水平达到显著；反之，则未达到 0.05 显著水平，表示此题项的临界比值未达到显著。检验结果显示，在所有 t 检验的统计量中，除第 5 题检验的 t 值未达到显著外，其余 18 题高低分组平均数差异检验的 t 检验均达到显著水平。这说明房产税公平感测量量表的整体鉴别度较优，然而第 5 题不具备区别受试者的功能，故删除第 5 题。

表 4.2   **独立样本检验**

项目		方差相等的 Levene 检验		平均值相等的 t 检验						
		F	p	t	df	p（双边）	平均差异	标准误差异	差异的 95% 置信区间 下限	上限
A1	方差相等	2.759	0.101	5.526	69	0.000	1.352	0.245	0.864	1.841
A2	方差不相等	4.582	0.036	3.269	61.505	0.002	0.994	0.304	0.386	1.601
A3	方差不相等	14.967	0.000	3.612	51.748	0.001	0.964	0.267	0.428	1.500
A4	方差不相等	4.089	0.047	3.423	61.971	0.001	0.901	0.263	0.375	1.427
A5	方差相等	2.200	0.143	1.531	69	0.130	0.517	0.338	−0.157	1.190
A6	方差不相等	13.195	0.001	4.950	49.393	0.000	1.233	0.249	0.732	1.733
A7	方差相等	3.990	0.050	2.505	69	0.015	0.599	0.239	0.122	1.076
A8	方差不相等	4.048	0.048	2.517	53.547	0.015	0.671	0.267	0.137	1.206
A9	方差不相等	22.826	0.000	3.326	40.374	0.002	0.691	0.208	0.271	1.110
A10	方差不相等	11.172	0.001	6.510	52.876	0.000	1.658	0.254	1.142	2.159
A11	方差不相等	29.476	0.000	4.955	49.680	0.000	1.388	0.280	0.825	1.951

续表

项目		方差相等的 Levene 检验		平均值相等的 t 检验							
		F	p	t	df	p（双边）	平均差异	标准误差异	差异的95%置信区间		
									下限	上限	
A12	方差不相等	6.056	0.016	3.317	58.396	0.002	0.956	0.288	0.379	1.533	
A13	方差相等	0.014	0.905	5.276	69	0.000	0.943	0.179	0.586	1.299	
A14	方差不相等	5.638	0.020	4.197	57.071	0.000	0.964	0.230	0.504	1.424	
A15	方差相等	0.037	0.848	3.007	69	0.004	0.663	0.221	0.223	1.104	
A16	方差相等	1.281	0.262	3.542	69	0.001	0.791	0.223	0.346	1.237	
A17	方差相等	0.366	0.547	3.996	69	0.000	0.960	0.240	0.481	1.439	
A18	方差相等	3.446	0.068	4.602	69	0.000	1.198	0.260	0.679	1.717	
A19	方差相等	3.091	0.083	2.126	69	0.037	0.492	0.231	0.030	0.954	

4.4.1.4　建构效度检验

为了检验量表的建构效度，还应对其进行探索性因子分析。建构效度在本章的含义是指态度量表对于测量房产税纳税人的公平感这一概念的程度。而探索性因子分析的目的就是利用"降维"的思想，用较少的变量去解释原始数据中的大部分变异，删除测量效果差的题项，使问卷能最清晰、有效地测量出被调查者的房产税公平感。

探索性因子分析的第一步是对房产税公平感数据进行 KMO 取样适当性检验和 Bartlett 球形检验，检验结果如表4.3所示。取样适当性量数 KMO 值为0.619，指标值大于0.5，Bartlett 球形检验的 χ^2 值为481.269，达到显著水平，表示预试问卷可以进行因子分析。

表4.3　　　　　　　　KMO 与 Bartlett 检验

Kaiser-Meyer-Olkin 测量取样适当性		0.619
Bartlett 球形检验	近似卡方分配	481.269
	df	153
	显著性	0.000

第二步采用主成分分析法，以特征值＝1为抽取因子标准，最终提取特征值大于1的因子7个。然而，以特征值为1抽取共同因素往往会使最后保留的公因子过多，此时应利用陡坡图检验来辅助决定因子数目。如果坡度线甚为平坦，表示无特殊因子值得抽取，删除坡度线平坦的因子。由于本问卷属于开发测试阶段，因此假设各题项之间存在一定相关性，采用Promax转轴法进行斜交转轴，转轴后的因子负荷量如表4.4所示。表4.4的结构矩阵中，因子1包含A1、A2、A3、A4、A8共5题，因子2包含A13、A14、A17、A18共4题，因子3包含A7、A15、A19共3题，因子4包含A10、A11、A12共3题，因子5包含A6共1题，因子6包含A16共1题，因子7包含A9共1题。

由于因子5、因子6、因子7均只包含1题，层面所包含的题项数太少，不能表达公因子所代表的意义，可以考虑将之删除。在删除题项时，由于选入因子分析的题项数量的不同会造成因子结构的改变，所以不可同时删除许多变量。应当逐次删除最不适切的题项，依次进行因子分析。最终结果如表4.5和表4.6所示。

表4.4 结构矩阵

项目	因子						
	1	2	3	4	5	6	7
A4	0.744	−0.190	0.080	−0.031	0.015	0.317	−0.001
A1	0.694	−0.036	−0.023	0.138	−0.019	0.145	0.163
A2	0.685	−0.178	0.061	−0.107	0.148	0.078	0.259
A3	0.678	0.100	−0.200	−0.169	0.147	−0.090	0.002
A8	0.527	0.169	−0.202	0.164	−0.161	−0.198	−0.298
A17	−0.036	0.785	0.087	0.158	0.150	0.012	−0.159
A14	−0.121	0.723	0.213	0.124	−0.191	0.144	0.224
A13	0.037	0.694	0.391	0.101	−0.335	0.465	0.205
A18	−0.120	0.633	0.081	0.501	0.270	0.034	−0.193
A15	−0.028	0.296	0.868	0.160	−0.148	0.063	0.044
A19	0.032	0.195	0.712	−0.246	0.086	0.143	−0.004
A7	0.200	0.135	−0.606	−0.291	0.279	0.078	0.364

项目	因子						
	1	2	3	4	5	6	7
A11	− 0. 050	0. 197	0. 057	0. 760	0. 059	0. 066	0. 102
A10	0. 230	0. 281	0. 111	0. 620	− 0. 071	0. 321	0. 050
A12	− 0. 075	− 0. 035	− 0. 222	0. 571	0. 508	− 0. 039	− 0. 033
A6	0. 125	0. 058	− 0. 011	0. 104	0. 761	0. 069	0. 029
A16	0. 103	0. 159	− 0. 008	0. 167	0. 060	0. 877	0. 035
A9	0. 120	0. 045	− 0. 090	0. 134	0. 043	0. 045	0. 818

表 4. 5 解释总变异量

因子	初始特征值			平方和负荷量萃取			转轴平方和负荷量
	总和	方差的 %	累积 %	总和	方差的 %	累积 %	总和
1	2. 646	24. 051	24. 051	2. 646	24. 051	24. 051	2. 380
2	2. 167	19. 701	43. 752	2. 167	19. 701	43. 752	2. 245
3	1. 445	13. 133	56. 885	1. 445	13. 133	56. 885	1. 914
4	0. 918	8. 344	65. 230				
5	0. 751	6. 828	72. 058				
6	0. 717	6. 517	78. 575				
7	0. 613	5. 575	84. 150				
8	0. 492	4. 469	88. 619				
9	0. 460	4. 182	92. 800				
10	0. 423	3. 842	96. 642				
11	0. 369	3. 358	100. 000				

表 4. 6 结构矩阵

项目	因子		
	1	2	3
A13	0. 797	0. 034	0. 045
A17	0. 749	− 0. 083	0. 210
A14	0. 724	− 0. 175	0. 154
A18	0. 637	− 0. 123	0. 561
A4	− 0. 115	0. 776	− 0. 066
A1	0. 006	0. 752	0. 155
A2	− 0. 168	0. 737	− 0. 026
A3	− 0. 015	0. 651	− 0. 060
A12	− 0. 110	− 0. 044	0. 769
A11	0. 260	− 0. 038	0. 740
A10	0. 363	0. 230	0. 599

从表 4.5 的结果可以看出，在逐次删除题项后，本量表最终提取了 3 个因子。3 个因子解释的变异量分别为 24.05%、19.70%和 13.13%，累计解释了 56.89%的总变异。从表 4.6 可以发现：因子 1 包含 A13、A14、A17、A18 共 4 题，因子 2 包含 A1、A2、A3、A4 共 4 题，因子 3 包含 A10、A11、A12 共 3 题。根据各因子构念包含的题项特性尝试性地给各因子命名，因子 1 命名为"行政公平"，因子 2 命名为"横向公平"，因子 3 命名为"支出公平"。

4.4.1.5 信度检验

在探索性因子分析完后，为进一步了解问卷的可靠性与有效性，需要通过信度检验。信度可以界定为真实分数的方差与观察分数的方差的比例，是反映量度程度的一种指标。当测验分数中测量误差所占比率较低时，真实特质部分所占的比率会相对提高，因而信度系数值就会增高。采用内部一致性系数来作为度量标准，结果如表 4.7 所示。总量表、"行政公平"层面、"横向公平"层面、"支出公平"层面的内部一致性系数 α 值分别为 0.595、0.725、0.717、0.558。其中，"行政公平"和"横向公平"层面的信度指标值均在 0.7 以上，表示这 2 个分量表的内部一致性信度较好。"支出公平"层面的信度指标值略低但大于 0.5，说明此分量表信度尚可。且删除题项后内部一致性系数均变低，说明此时信度指标已经达到理想状态，不需要再删除题项。

表 4.7 可靠性统计量

指标	因子 1		因子 2		因子 3		总量表
Cronbach's Alpha 值	0.725		0.717		0.558		0.595
项目删除时的 Cronbach's Alpha 值	a13	0.670	a1	0.635	a10	0.508	
	a14	0.684	a2	0.643	a11	0.341	
	a17	0.621	a3	0.701	a12	0.512	
	a18	0.675	a4	0.635			

至此，经过预测试检验后，共删除 8 题，生成一个由 11 题组成的正式测量问卷（见附录 A）。

4.4.2　房产税公平感模型的交叉证实检验

4.4.2.1　样本与数据

在 2015 年 3~4 月，采用现场和网络两种方式进行问卷发放。由于重庆从 2011 年开始房产税改革试点，所以我们把重庆作为重点调查区域。共回收问卷 330 份，删除无效问卷 14 份，有效问卷 316 份，其中，家庭住址在重庆的有效问卷 143 份。交叉证实检验分为探索性因子分析和验证性因子分析，因此需要两份不同的样本数据，故将问卷随机地分成两份，每份样本包含 158 份问卷。本章采用 SPSS22.0 和 AMOS22.0 统计软件对问卷数据进行交叉证实检验。

4.4.2.2　探索性因子分析

获得用于分析的数据后，需要检验本次问卷调查的数据是否适合进行因子分析。对问卷分别进行相关性分析、KMO 检验和 Bartlett 球形检验。反映像相关矩阵的对角线提供了一个变量取样适切性量数（MSA）。所有题项变量的 MSA 值均在 0.6 以上，表示题项变量与其他变量之间有共同因素存在，说明题项变量适合进行因子分析。结合显著性差异检验的结果来看，大部分 P 值小于 0.05，通过显著性检验，变量间具有显著相关。表 4.8 是 KMO 检验和 Bartlett 球形检验的输出结果。此处 KMO 值为 0.702，大于 KMO 度量标准 0.6，说明原有变量间的相关性较强。同时，Bartlett 球形检验统计量为 290.487，相伴概率值为 0.000，小于 0.05，不服从球形检验，应拒绝各变量独立的假设，可认为相关系数矩阵与单位阵有显著差异。以上结果表明该问卷适合做因子分析。

表4.8   **KMO 与 Bartlett 检验**

Kaiser-Meyer-Olkin 测量取样适当性		0.702
Bartlett 球形检验	近似卡方分布	290.487
	df	55
	显著性	0.000

采用主成分分析法，以特征值=1为抽取因子标准，结果如表4.9所示，之后进行斜交转轴旋转。斜交转轴旋转假设各因子之间存在一定的相关性。转轴后的因素负荷量如表4.9所示。从表4.9可以看出，本问卷共抽取3个因子，分别解释了21.97%、19.41%、11.79%的变异量，累计解释的变异量为53.17%。由表4.10转轴后的结构矩阵中可以发现：因子1包含A1、A2、A3、A4共4题，因子2包含A5、A6、A7共3题，因子3包含A8、A9、A10、A11共4题①。

表4.9   **解释总变异量**

因子	初始特征值			平方和负荷量萃取			转轴平方和负荷量
	总和	方差的%	累积%	总和	方差的%	累积%	总和
1	2.417	21.969	21.969	2.417	21.969	21.969	2.296
2	2.136	19.414	41.383	2.136	19.414	41.383	1.909
3	1.296	11.785	53.168	1.296	11.785	53.168	1.963
4	0.971	8.828	61.997				
5	0.808	7.345	69.341				
6	0.693	6.302	75.643				
7	0.657	5.975	81.618				
8	0.591	5.373	86.991				
9	0.573	5.212	92.203				
10	0.443	4.030	96.233				
11	0.414	3.767	100.000				

---

① 此处的问卷题项编号与预测试的题项编号有所区别。

表4.10 结构矩阵

项目	因子		
	1	2	3
A2	0.777	0.087	-0.173
A4	0.777	0.181	-0.224
A1	0.701	0.164	0.030
A3	0.670	-0.221	-0.108
A5	0.079	0.739	0.127
A6	0.096	0.730	0.234
A7	0.033	0.679	0.053
A9	-0.231	0.335	0.768
A10	-0.013	-0.007	0.677
A8	-0.273	0.375	0.628
A11	-0.041	0.033	0.595

本次实际调查的结果与预测试的结果一致，符合预期。延续预测试的命名思路，正式地给各因子命名：因子1命名为"横向公平"，因子2命名为"支出公平"，因子3命名为"行政公平"。

4.4.2.3 信度检验

在因子分析后，为了进一步了解问卷的可靠性和稳定性，要对问卷继续进行量表各层面与总量表的信度检验。

1. 总量表的信度。

"房产税公平感"总量表的内部一致性 α 系数值等于0.568，信度指标尚佳，量表的内部一致性高。方差检验结果显著，调查对象的看法差异大、信度高。

信度检验结果如表4.11和表4.12所示。

表4.11 总量表的可靠性统计量

Cronbach's Alpha 值	以标准化项目为准的 Cronbach's Alpha 值	项目个数
0.568	0.557	11

表 4.12　　　　　　　　　　总量表的方差分析

类型		平方和	df	平均平方和	F	显著性
组间		465.349	157	2.964		
组内	项目间	425.295	10	42.529	33.202	0.000
	残差	2011.069	1570	1.281		
	总计	2436.364	1580	1.542		
总计		2901.712	1737	1.671		

2. 因子 1（横向公平）的信度。

"横向公平"层面的信度检验结果如表 4.13、表 4.14、表 4.15 所示。从可靠性统计量表 4.13 可以看出，"横向公平"层面 3 个题项变量的内部一致性系数 α 系数值为 0.722 > 0.7，表示此分量表的内部一致性系数较好。从表 4.14 的修正项目总相关系数和复相关平方系数可以看出，3 个题项间的内部一致性高，且删除题项后内部一致性系数变低，说明此时信度指标已经达到理想状态，不需再删除题项。表 4.15 方差分析检验结果显著，表示调查对象的看法差异大、信度高。

表 4.13　　　　　　"横向公平"层面的可靠性统计量

Cronbach's Alpha 值	以标准化项目为准的 Cronbach's Alpha 值	项目个数
0.722	0.721	4

表 4.14　　　　　　"横向公平"层面的项目整体统计量

项目	项目删除时的尺度平均数	项目删除时的尺度方差	修正的项目总相关	复平方相关	项目删除时的 Cronbach's Alpha 值
A1	10.6899	8.916	0.485	0.238	0.675
A2	11.1646	8.266	0.567	0.352	0.625
A3	10.8797	9.750	0.411	0.169	0.715
A4	10.9557	8.539	0.583	0.364	0.617

表 4.15　　　　　　　"横向公平"层面的方差分析

类型		平方和	df	平均平方和	F	显著性
组间		566.217	157	3.606		
组内	项目间	18.271	3	6.090	6.065	0.000
	残差	472.979	471	1.004		
	总计	491.250	474	1.036		
总计		1057.467	631	1.676		

3. 因子 2（支出公平）的信度。

"支出公平"层面的信度检验结果如表 4.16、表 4.17、表 4.18 所示。从表 4.16 得到内部一致性系数在 0.6 以上，说明"支出公平"因子内部一致性信度尚可。表 4.17 表示不需再删除题项，此时分量表信度已经最优。表 4.18 显示方差检验结果达到显著，该分量表信度高。

表 4.16　　　　　　　"支出公平"层面的可靠性统计量

Cronbach's Alpha 值	以标准化项目为准的 Cronbach's Alpha 值	项目个数
0.603	0.604	3

表 4.17　　　　　　　"支出公平"层面的项目整体统计量

项目	项目删除时的尺度平均数	项目删除时的尺度方差	修正的项目总相关	复平方相关	项目删除时的 Cronbach's Alpha 值
A5	7.5823	4.207	0.425	0.181	0.484
A6	7.3481	4.241	0.415	0.173	0.499
A7	7.0823	4.649	0.397	0.158	0.526

表 4.18　　　　　　　"支出公平"层面的方差分析

类型		平方和	df	平均平方和	F	显著性
组间		428.998	157	2.732		
组内	项目间	19.776	2	9.888	9.126	0.000
	残差	340.224	314	1.084		
	总计	360.000	316	1.139		
总计		788.998	473	1.668		

4. 因子 3（行政公平）的信度。

"行政公平"层面的信度检验结果如表 4.19、表 4.20、表 4.21 所示。从表 4.19 看出内部一致性系数为 0.591，说明"行政公平"因子内部一致性信度尚可。表 4.20 表示不需再删除多余题项，此时分量表信度已达到最优。表 4.21 显示方差检验结果达到显著，该分量表信度高。

表4.19 "行政公平"层面的可靠性统计量

Cronbach's Alpha 值	以标准化项目为准的 Cronbach's Alpha 值	项目个数
0.591	0.596	4

表4.20 "行政公平"层面的项目整体统计量

项目	项目删除时的尺度平均数	项目删除时的尺度方差	修正的项目总相关	复平方相关	项目删除时的 Cronbach's Alpha 值
A8	8.8608	4.974	0.373	0.285	0.519
A9	8.3797	4.492	0.521	0.342	0.404
A10	8.4430	4.936	0.337	0.122	0.547
A11	7.8101	5.136	0.276	0.105	0.586

表4.21 "行政公平"层面的方差分析

类型		平方和	df	平均平方和	F	显著性
组间		299.930	157	1.910		
组内	项目间	88.430	3	29.477	37.720	0.000
	残差	368.070	471	0.781		
	总计	456.500	474	0.963		
总计		756.430	631	1.199		

4.4.2.4 验证性因子分析

在对量表进行探索性因子分析和信度分析之后，为了验证在探索性因子分析中得到的因子结构模型是否与本问卷的实际数据契合，需要继续对本问卷进行验证性因子分析检验此建构信度的适切性与真实性。运用 AMOS22.0，基于极大似然法对模型进行估计。分析的步骤是：首先绘制"房产税公平感量表"的概念模型如图4.3所示，将问卷实际数据代入各观察变量对模型进行参数估计，再使用绝对适配度指标、增值适配度指标和简约适配度指标分析测量模型的整体拟合情况，之后评估单个观测变量的效度，最后分别对因子的聚合效度和区别效度进行检验。

1. 模型总体评估。

"房产税公平感量表"测量模型验证性因子分析结果可以整理

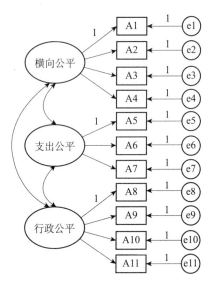

图 4.3 "房产税公平感量表"的测量模型

归纳为表 4.22 和表 4.23。

从表 4.22 模型的参数估计结果可以看出，该模型估计的所有参数均达到显著水平，表示模型的内在质量理想。估计参数标准误均很小，且没有出现负的误差方差，显示模型没有违反辨认规则。标准化路径系数除 A7 外，均介于 0.50 ~ 0.95 之间，表示模型的基本适配度良好，指标变量能有效反映其要测得的构念特质。3 个潜在变量的组合信度系数值均大于 0.60，表示模型内在质量较好。但"支出公平"因子和"行政公平"因子的平均方差抽取量均稍低于 0.50 的标准，说明模型内还是存在一定的测量误差。但是综合所有的参数估计结果来看，该模型的内在质量理想。

表 4.23 为模型整体拟合情况。在整体模型适配度的检验方面，绝对适配指标、增值适配指标与简约适配指标统计量中，所有适配指标值均达到模型可接受的标准。模型适配度的卡方值等于 36.011，显著性概率值 $p = 0.562 > 0.05$，没有理由拒绝零假设，表示本书所提出的房产税公平感测量模型与实际数据可以契合。

从绝对拟合指标来看，RMSEA = 0.000 < 0.05，GFI = 0.959 > 0.90，表明模型可以接受。从相对拟合指数来看，NNFI = 1.007，CFI = 1.000，都大于经验值0.90，可见模型适配度良好。因此整体来看，测量模型具有较好的建构效度。

2. 个别题项评估。

对各个题项进行效度评估，可以用标准化路径系数来衡量。标准化路径系数是观测变量在其反映的因子上的标准化负荷，通过它可以了解测量变量对各潜在因子的相对重要性。从表4.22可以看出，除A7对支出公平因子的标准化负荷略小于0.5以外，所有标准化负荷均超过0.5，且都呈现很高的显著性水平。因此，总体来看，这11个题项可作为3个因子的测量题项，能有效反映其要测得的构念特质。

表4.22　　　　　房产税公平感测量模型参数估计结果

潜变量及测量指标	非标准化路径系数	S. E.标准误	C. R.t值	P值	标准化路径系数	项目信度	组合信度
因子1：横向公平	1.000				0.759	0.576	
A1	1.118	0.174	6.441	***	0.713	0.508	
A2	0.712	0.124	5.741	***	0.577	0.333	0.816
A3							
A4	1.127	0.156	7.221	***	0.838	0.702	
因子2：支出公平	1.000				0.784	0.615	
A5	0.864	0.140	6.176	***	0.672	0.552	0.665
A6							
A7	0.508	0.117	4.354	***	0.415	0.172	
因子3：行政公平	1.000				0.761	0.579	
A8	0.748	0.118	6.329	***	0.614	0.577	
A9	0.886	0.134	6.596	***	0.674	0.554	0.770
A10							
A11	0.929	0.158	5.886	***	0.648	0.520	

注：① * $p<0.05$，** $p<0.01$，*** $p<0.001$。
　　②此表删除了平均方差抽取量。

表 4. 23　　房产税公平感量表的整体模型适配度检验摘要

统计检验量		适配的标准或临界值	检验结果数据	模型适配判断
绝对适配度指数	χ^2 值	P > 0. 05 （未达显著水平）	36. 011 （p = 0. 562 > 0. 05）	是
	RMSEA 值	< 0. 08	0. 000	是
	GFI 值	> 0. 90 以上	0. 959	是
	AGFI 值	> 0. 90 以上	0. 930	是
增值适配度指数	NFI 值	> 0. 90 以上	0. 926	是
	RFI 值	> 0. 90 以上	0. 922	是
	IFI 值	> 0. 90 以上	1. 004	是
	TLI 值 （NNFI 值）	> 0. 90 以上	1. 007	是
	CFI 值	> 0. 90 以上	1. 000	是
简约适配度指数	PGFI 值	> 0. 50 以上	0. 552	是
	PNFI 值	> 0. 50 以上	0. 640	是
	PCFI 值	> 0. 50 以上	0. 691	是
	CN 值	> 200	233	是
	χ^2 自由度比	< 2. 00	0. 948	是
AIC 值		理论模型值小于独立模型值，且同时小于饱和模型值	92. 011 < 132. 000， 92. 011 < 508. 759	是
CAIC 值		理论模型值小于独立模型值，且同时小于饱和模型值	205. 764 < 400. 131， 205. 764 < 553. 448	是

3. 结构效度评估。

美国心理测量学家坎贝尔（Campbell）和菲斯克（Fiske）认为，测验的结构效度需同时用聚合效度和区别效度进行说明。下面基于 Campbell-Fiske 准则对房产税公平感测量模型进行结构效度评估。

聚合效度是指测量相同潜在特质的题项落在同一个因子构面上，且题项间测得的测量值之间具有高度相关。表 4. 22 显示各个潜变量在测量题项上的标准化路径系数都大于 0.5，表明模型具有较好的聚合效度。从平均方差值看，测量题项的解释力超过测量误差，也说明模型聚合效度高。

区别效度是指构面所代表的潜在特质与其他构面所代表的潜在特质间低度相关或有显著的差异存在。通过比较两个因子合并前后整个测量模型拟合程度的差异来检验模型的区别效度。因子合并前为未限制模型，此时潜在构念间的共变关系不加以限制，共变参数为自由估计参数；因子合并后为限制模型，此时潜在构念间的共变关系限制为 1，共变参数为固定参数。这里，我们将横向公平、支出公平和行政公平 3 个因子两两配对，分别比较并检验每一对组合非限制模型与限制模型的卡方值之差，结果如表 4.24 所示。从该表可以看出，与限制模型相比较，未限制模型的卡方值明显较小，卡方值差异量大且全部达到 0.05 显著水平，表示潜在构念间具有良好的区别效度。

表 4.24　　　　　　　　　测量模型区别效度检验

配对因子	模型类型	χ^2 值	df	χ^2 自由度比值	P 值
横向公平—支出公平	未限制模型	75.511	41	1.842	0.001
	限制模型	93.604	42	2.229	0.000
	差异值	18.093	1		0.000
横向公平—行政公平	未限制模型	85.294	41	2.080	0.000
	限制模型	132.199	42	3.148	0.000
	差异值	46.906	1		0.000
支出公平—行政公平	未限制模型	51.311	41	1.251	0.130
	限制模型	66.004	42	1.572	0.010
	差异值	14.693	1		0.000

至此，经过交叉证实检验以后，房产税公平感量表的测量模型得到验证，可以继续更进一步的实证研究。

4.4.3　各维度的统计分析

根据已经交叉证实检验的测量模型，我们需要继续对房产税公平感各维度进行统计分析。首先，对量表各层面和层面内各题项做描述性统计分析，了解各维度和题项间存在的差异；之后，为探究其差异是否显著，需进行配对样本 t 检验。

4.4.3.1　房产税公平感的总体分析

在表4.25房产税公平感量表三个层面的描述性统计量中，以"横向公平"层面的平均得分最高，"支出公平"次之，而"行政公平"平均得分最低。在表4.26的配对 t 检验结果中可以看出，行政公平分别与横向公平和支出公平都有显著性差异，而横向公平与支出公平的得分差异并不显著。以上结果说明，人们比较重视房产税的横向公平和支出公平，且对这两方面公平意识的重视程度差异不大。在现实生活中，纳税人确实比较能够观察到身边相同收入的人是否与自己缴纳相同数量的税额，也很容易就会产生以横向公平来衡量税制是否公平的想法。同时，人们在缴纳税收的时候也会关心税收支出会给自己和社会带来怎样的福利。基于这样的考量，支出公平也是纳税人公平感的重要方面。行政公平得分较低，表明被调查者对于政府部门的房产税管理水平认同度不高。

表4.25　　　　　　　　　总量表的描述性统计量

检验变量	N	最小值	最大值	平均数	标准差
横向公平	316	1.00	5.00	3.693	0.968
支出公平	316	1.00	5.00	3.656	0.970
行政公平	316	1.00	5.00	2.759	0.746
总量表	316	1.00	5.00	3.343	0.591
有效的N（完全排除）	316				

表4.26　　　房产税公平感量表各层面间的配对样本检验

配对方式		配对差异					t	df	显著性（双边）
		平均数	标准差	平均数的标准误	95%置信区间				
					下限	上限			
配对1	横向公平—支出公平	0.037	1.236	0.070	−0.100	0.174	0.531	315	0.596
配对2	横向公平—行政公平	0.934	1.215	0.068	0.800	1.069	13.671	315	0.000
配对3	支出公平—行政公平	0.897	1.018	0.057	0.785	1.010	15.674	315	0.000

4.4.3.2　横向公平层面的差异比较

对横向公平维度中各题项进行描述性统计分析和配对样本 t 检验，结果如表4.27和表4.28所示。可以看出，横向公平维度中各题项得分排序为：A1 > A3 > A4 > A2，其中，除了A3与A4得分没有显著性差异，其余各题项之间都存在显著差异。横向公平所有题项平均得分大于3分，说明被调查者普遍认同对于同等经济能力的人给予同等征税待遇，这与现实生活中情况相同。其中，被调查者对于A1（与我家房屋价值、人口相同、收入相同的家庭应该缴纳与我同样金额的房产税）认同度最高，而对于A2（拥有相同价值房屋和人口的家庭应该缴纳同样金额的房产税）认同度最低。A1与A2两题题意看似相同，其实有所差异。房产税公平感是纳税人的主观意识。A1与A2的不同之处就在于是否与自己的家庭进行对比。A1的表述与被调查者直接相关，被调查者感觉到的影响比较大，因此得分更高。被调查者对A3（与缴纳税收有关的各方面情况相同的人应该缴纳同样金额的房产税）和A4（拥有相近价值房屋、人口相同的家庭应该缴纳相近金额的房产税）的认同度差异不大，介于A1与A2之间。不难看出，A3与A2的差别在于A2题项以房屋价值和人口作为纳税标准，而A3（与缴纳税收相关的各方面情况相同的人应该缴纳相同金额的房产税）指出房产税的征收需要综合考虑各方面情况，说明人们还是更认同从多元的角度衡量纳税能力。本问卷最后有一道开放性题目询问被调查者对于房产税改革的建议，其中回答者中的大部分人都表示房产税的征收需要考虑房屋面积、家庭人口数、地区房价、房产数量等因素，这与上述调查结果一致。

表 4.27　　　　　　　　　　"横向公平"层面的描述性统计量

项目	N	最小值	最大值	平均数	标准差
A1	316	1.00	5.00	3.930	1.260
A2	316	1.00	5.00	3.377	1.390
A3	316	1.00	5.00	3.775	1.186
A4	316	1.00	5.00	3.690	1.249
有效的 N（完全排除）	316				

表 4.28　　　　　　　　　"横向公平"层面内的配对样本检验

配对方式		配对差异					t	df	显著性（双边）
		平均数	标准差	平均数的标准误	95% 置信区间				
					下限	上限			
配对 1	A1—A2	0.554	1.383	0.078	0.401	0.707	7.121	315	0.000
配对 2	A1—A3	0.155	1.370	0.077	0.003	0.307	2.012	315	0.045
配对 3	A1—A4	0.241	1.357	0.076	0.090	0.391	3.151	315	0.002
配对 4	A2—A3	−0.399	1.447	0.081	−0.559	−0.239	−4.898	315	0.000
配对 5	A2—A4	−0.313	1.216	0.068	−0.448	−0.179	−4.579	315	0.000
配对 6	A3—A4	0.085	1.327	0.075	−0.061	0.232	1.145	315	0.253

4.4.3.3　支出公平层面的差异比较

对支出公平维度中各题项进行描述性统计分析和配对样本 t 检验，结果如表 4.29 和表 4.30 所示。

表 4.29 显示，各题项平均分排名为 A7 > A6 > A5，表 4.30 表明，三个题项各自配对后通过显著性检验，说明被调查者对于这三道题的看法有显著差异。支出公平各题项平均分均在 3 分以上，

表示人们比较赞成政府将房产税收入用于保障房建设、教育等领域，现实生活中也的确如此。2011 年 1 月 28 日，上海、重庆开始试点房产税，对房产税试点征收的收入，两个城市均用于保障性住房建设等方面的支出。其中，A7（政府将房产税收入用于教育事业是合理的）得分最高，A6（政府将房产税收入用于建设经济适用房和廉租房是合理的）得分次之，表明在保障房建设和教育这两个税收用途中，被调查者更倾向于选择房产税用于教育事业上，这似乎与我们一般的认知不同。深入分析下去，我们可能找到一些原因。首先，保障性住房建设本身存在争议。政府为解决百姓买房难的问题，从 2007 年开始陆续发布《经济适用住房管理办法》《关于加快发展公共租赁住房的指导意见》等文件以完善保障性住房体系。在保障性住房大力发展的同时也产生了许多负面效应，诸如"开豪车住公租房"的新闻层出不穷。反对者认为，其实质是用全体纳税人的钱给一小部分人谋福利，违背了公平原则，"干得好的买贵的，干得不好的却买便宜的"，对于收入相同却已经购买了商品房的居民也不公平。纳税人缴纳房产税却用于不够公平的保障性住房建设自然不如用于公共教育中。其次，保障性住房不一定对被调查者带来好处。只有小部分没有住房的申请者才能享受保障性住房政策带来的福利。由于本问卷的调查对象大多具有大学以上学历，收入水平较高，购买商品房的能力较强，非但不能享受这一政策福利，还要为他人买单。而教育却是几乎所有纳税人都可以受益的。最后，因被调查者受教育程度较高，因其知识背景的缘故，比较注重公共教育，更愿意支持政府将房产税收入用于教育事业。A5（政府利用房产税筹集收入从而提供服务是合理的）平均得分最低，可能是因为题项设置并不如A6 与 A7 那么明确，被调查者对于政府提供服务这个概念比较模糊。

表 4.29　　　"支出公平"层面各题项变量的描述性统计量

项目	N	最小值	最大值	平均数	标准差
A5	316	1.00	5.00	3.424	1.301
A6	316	1.00	5.00	3.668	1.305
A7	316	1.00	5.00	3.877	1.227
有效的 N（完全排除）	316				

表 4.30　　　　"支出公平"层面内的配对样本检验

配对方式		配对差异					t	df	显著性（双边）
		平均数	标准差	平均数的标准误	95% 置信区间				
					下限	上限			
配对 1	A5—A6	-0.244	1.380	0.078	-0.396	-0.091	-3.138	315	0.002
配对 2	A5—A7	-0.453	1.459	0.082	-0.614	-0.291	-5.515	315	0.000
配对 3	A6—A7	-0.209	1.485	0.084	-0.373	-0.045	-2.501	315	0.013

4.4.3.4　行政公平层面的差异比较

对行政公平层面进行描述性统计分析和配对样本 t 检验，结果如表 4.31 和表 4.32 所示。

表 4.31　　　　"行政公平"层面各题项变量的描述性统计量

项目	N	最小值	最大值	平均数	标准差
A8	316	1.00	5.00	2.279	1.029
A9	316	1.00	5.00	2.791	0.983
A10	316	1.00	5.00	2.715	1.058
A11	316	1.00	5.00	3.250	1.120
有效的 N（完全排除）	316				

表 4.32　　　　　"行政公平"层面内的配对样本检验

配对方式		配对差异					t	df	显著性（双边）
		平均数	标准差	平均数的标准误	95% 置信区间				
					下限	上限			
配对 1	A8—A9	-0.513	1.000	0.056	-0.623	-0.402	-9.114	315	0.000
配对 2	A8—A10	-0.437	1.187	0.067	-0.568	-0.305	-6.541	315	0.000
配对 3	A8—A11	-0.972	1.365	0.077	-1.123	-0.820	-12.654	315	0.000
配对 4	A9—A10	0.076	1.163	0.065	-0.053	0.205	1.161	315	0.247
配对 5	A9—A11	-0.459	1.245	0.070	-0.597	-0.321	-6.550	315	0.000
配对 6	A10—A11	-0.535	1.233	0.069	-0.671	-0.398	-7.713	315	0.000

表 4. 31 的描述性统计结果显示，四个题项变量的平均分排名为 A11 > A9 > A10 > A8，表 4. 32 配对样本 t 检验表明，除 A9 与 A10 两个题项的得分平均数没有显著差异，其余各题项之间都存在显著差异。除 A11 平均分略高于 3 分，其余三个题项的平均分都低于 3 分，表示被调查者并不怎么认同政府部门在征收和使用房产税的行政过程中的公正性。A11（税务局能掌握征收房产税的必要信息）得分最高，平均分为 3. 25，表示被调查者比较信任税务局掌握征收房产税的必要信息的能力。A9（一般来说，政府会将房产税收入用在适当的地方）得分为 2. 79，说明被调查者对政府合理使用房产税收入的认同度不高。这与政府预算收支透明度不够以及监督不足有关。A10（税务局对所有房产税纳税人会一视同仁）平均得分为 2. 72，表明被调查者认为税务机关存在一定的执法不公正的现象。A8（政府会浪费房产税收入）平均得分仅 2. 28[①]，说明被调查者比较同意政府会浪费房产税收入，对其高效使用持怀疑态度。[②]

4.5 房产税公平感的影响因素

前面分析了房产税公平感的测量问题，了解到房产税公平感由三个维度构成，接下来探究公平感差异存在的原因。我们用方差分析法分析人口统计变量对房产税公平感的影响，依次探究其对公平感的三个维度是否有显著影响以及差异如何体现。

---

① 反向计分后的得分。

② 问卷末尾的反馈意见也表明部分被调查者对政府征收房产税的动机与用途认识不足，存在疑虑。

4.5.1　影响因素识别

1. 个人特征。

本章中的个人特征指性别、学历、年龄、职业 4 个方面。基于本问卷的调查目的是测量社会大众对房产税改革的公平感，将个人的态度量化，带有较强的主观性，而个人特征往往是导致主观意识差异的不可忽视的原因之一，因此将性别、学历、年龄和职业 4 个个人特征作为房产税公平感的影响因素。

2. 收入水平。

收入与纳税有着紧密的联系。吉利根和理查森（Gilligan & Richardson，2005）对澳大利亚和中国香港的税收公平感的差异进行分析，发现不同收入阶层的人在税收公平感各个维度上有显著差异。所以将家庭年收入作为房产税公平感的影响因素之一。

3. 住房价值。

房产税的征收对象是房产，计税依据为应税住房市场价格的评估值。房屋价值自然是房产税公平感的影响因素之一。

4.5.2　方差分析

4.5.2.1　性别

使用独立样本 t 检验对不同性别的群体平均数进行差别检验。从表 4.33 不同性别的群体在横向公平、支出公平、行政公平的差异比较中可以发现，性别变量在 3 个因变量检验的显著性概率值 p 均大于 0.05，没有理由拒绝零假设，说明男、女对这 3 个层面的感知差异均不显著。男性和女性的房产税公平感在"横向公平"

层面、"支出公平"层面、"行政公平"层面上的平均得分虽有不同,但没有显著差异。性别因素在本次问卷调查中并没有显著影响人们的房产税公平感。

表4.33 性别对房产税公平感的影响

检验变量	性别	N	平均数	标准差	平均数的标准误	t 值
横向公平	男性	138	14.609	3.907	0.333	-0.660
	女性	178	14.899	3.849	0.288	
支出公平	男性	138	11.000	3.033	0.258	0.170
	女性	178	10.944	2.818	0.211	
行政公平	男性	138	10.681	3.125	0.266	-1.863
	女性	178	11.309	2.846	0.213	

4.5.2.2 学历

从表4.34学历的描述性统计量中可以看出,大学生和硕士研究生占总样本数的绝大部分,博士研究生少量,高中及高中以下学历的人甚少。这是由于本次问卷调查采用方便抽样和雪球抽样方法,故大学学历和研究生学历比例超过93%。对各检验变量进行方差同质性检验,Levene法检验的 F 值均未达显著($p > 0.05$),没有违反方差同质性假定。从表4.35方差分析表中可见,除"横向公平"因变量的 F 值达到显著水平($p < 0.05$),"支出公平"和"行政公平"两个因变量的方差检验的 F 值都未达5%的显著性水平。这表示不同学历的群组在"横向公平"意识上有显著差异,而学历没有造成被调查者对"支出公平"和"行政公平"层面的感知差异。至于到底是哪些"横向公平"层面上的配对组别间的差异达到显著,还要进行事后比较方能得知。笔者采用最小显著差异法(least significant difference,LSD)再一次进行事后比较,以便于整体检验 F 值相呼应。从表4.36采用LSD法的多重比较结果中可以看出,博士研究生群体的横向公平感显著高于大学生群体。

表 4.34　　不同学历群体在房产税公平感各维度上的描述性统计量

检验变量	学历	N	平均数	标准差
横向公平	高中以下（1）	3	17.667	3.215
	高中（2）	5	13.000	4.301
	大学（3）	144	14.326	3.790
	硕士研究生（4）	150	15.007	3.925
	博士研究生（5）	14	16.857	3.255
支出公平	高中以下（1）	3	9.333	1.528
	高中（2）	5	11.000	4.528
	大学（3）	144	10.729	2.893
	硕士研究生（4）	150	11.267	2.861
	博士研究生（5）	14	10.571	3.180
行政公平	高中以下（1）	3	12.000	2.646
	高中（2）	5	14.200	3.899
	大学（3）	144	10.910	2.933
	硕士研究生（4）	150	11.147	2.975
	博士研究生（5）	14	9.786	2.778

表 4.35　　不同学历群体在房产税公平感各维度上的方差分析

检验变量		平方和	df	平均平方和	F	显著性	事后比较 LSD 法
横向公平	组间	138.561	4	34.640	2.352	0.045	5 > 3
	组内	4581.034	311	14.730			
	总计	4719.595	315				
支出公平	组间	31.817	4	7.954	0.939	0.441	
	组内	2633.866	311	8.469			
	总计	2665.684	315				
行政公平	组间	78.860	4	19.715	2.251	0.064	
	组内	2723.757	311	8.758			
	总计	2802.617	315				

表 4.36　　　　　采用 LSD 法的多重比较摘要表

因变量	（I）学历	（J）学历	平均差异（I-J）	标准误	显著性	95% 置信区间 下限	95% 置信区间 上限
横向公平	5	3	2.531*	1.074	0.019	0.417	4.645

注：＊表示事后比较差异显著。

4.5.2.3　年龄

对于不同年龄的群体，描述性统计结果如表 4.37 所示，30 岁以下年龄人数最多为 195 人，约占总样本数的 62%，30~40 岁群体人数约占总体的 23%，40~50 岁群体占比约 14%，50 岁以上的群体仅占 1%。方差分析结果表 4.38 中，除"行政公平"的 F 值未达到显著水平（$p=0.065>0.05$），"横向公平"和"支出公平"的 F 值均达到显著水平（$p<0.05$）。说明不同年龄的人在"横向公平"和"支出公平"上有显著差异存在，而对"行政公平"意识没有显著差异。具体是哪些配对组别间的差异达到显著，依旧采用最小显著差异法再一次进行事后比较，参见表 4.39 多重比较摘要表，得出以下结果：就"横向公平"因变量而言，"40~50 岁"组群体显著高于"30 岁以下"组群体；就"支出公平"因变量而言，"30 岁以下"组群体显著高于"30~40 岁"组群体。

表 4.37　不同年龄群体在房产税公平感各维度上的描述性统计量

检验变量	年龄	N	平均数	标准差
横向公平	30 岁以下（1）	195	14.467	3.709
	30~40 岁（2）	73	14.726	4.008
	40~50 岁（3）	44	16.046	4.226
	50 岁以上（4）	4	16.500	2.887
支出公平	30 岁以下（1）	195	11.328	2.780
	30~40 岁（2）	73	10.329	3.136
	40~50 岁（3）	44	10.546	2.873
	50 岁以上（4）	4	9.750	3.403
行政公平	30 岁以下（1）	195	11.256	2.986
	30~40 岁（2）	73	10.575	2.867
	40~50 岁（3）	44	10.568	2.991
	50 岁以上（4）	4	13.750	3.304

表 4.38　不同年龄的群体在房产税公平感各维度上的方差分析

检验变量		平方和	df	平均平方和	F	显著性	事后比较 LSD 法
横向公平	组间	101.632	3	33.877	2.289	0.048	3 > 1
	组内	4617.963	312	14.801			
	总计	4719.595	315				

检验变量		平方和	df	平均平方和	F	显著性	事后比较 LSD 法
支出公平	组间	68.920	3	22.973	2.760	0.042	
	组内	2596.764	312	8.323			1 > 2
	总计	2665.684	315				
行政公平	组间	64.057	3	21.352	2.433	0.065	
	组内	2738.561	312	8.777			
	总计	2802.617	315				

表 4.39　　　　　采用 LSD 法的多重比较摘要表

因变量	(I) 年龄	(J) 年龄	平均差异 (I − J)	标准误	显著性	95% 置信区间 下限	95% 置信区间 上限
横向公平	3	1	1.579 *	0.642	0.014	0.315	2.842
支出公平	1	2	0.999 *	0.396	0.012	0.221	1.778

注: * 表示事后比较差异显著。

4.5.2.4　职业

从表 4.40 不同职业的描述性统计量可以看出，选择"其他"职业的人数较多，原因是本次调查对象部分为在读研究生，但由于并没有列出"学生"这一选项，因此学生群体选择"其他"选项。值得注意的是，本次问卷调查中，农/林/牧/渔/水利业生产人员、生产/运输设备操作人员及有关人员、警察和军人均只有一人选择，为了更好地进行事后比较，将这三个样本在对关于职业的方差分析中暂时排除。接着进行方差同质性检验，结果表明，未违反方差同质性的假定。表 4.41 为不同职业的群体在房产税公平感各维度上的差异比较的方差分析表，结合多重比较摘要表 4.42 得知，在房产税公平感三个维度中，不同职业的群体仅在"行政公平"层面上的知觉差异达到显著，具体表现在"其他"职业群体显著高于"专业技术人员"群体组别。

表 4.40   不同职业群体在房产税公平感各维度上的描述性统计量

检验变量	职业	N	平均数	标准差
横向公平	国家机关、党群组织、企业/事业单位负责人（1）	42	14.405	4.061
	专业技术人员（2）	77	15.610	3.675
	办事人员和有关人员（3）	12	14.750	4.115
	商业、服务业人员（4）	31	15.452	3.264
	其他（8）	151	14.252	3.972
支出公平	国家机关、党群组织、企业/事业单位负责人（1）	42	11.143	2.842
	专业技术人员（2）	77	10.740	2.953
	办事人员和有关人员（3）	12	10.417	3.476
	商业、服务业人员（4）	31	11.065	2.816
	其他（8）	151	11.027	2.887
行政公平	国家机关、党群组织、企业/事业单位负责人（1）	42	10.714	3.651
	专业技术人员（2）	77	10.299	2.819
	办事人员和有关人员（3）	12	11.167	1.697
	商业、服务业人员（4）	31	10.645	3.450
	其他（8）	151	11.543	2.766

表 4.41   不同职业群体在房产税公平感各维度上的方差分析

检验变量		平方和	df	平均平方和	F	显著性	事后比较 LSD 法
横向公平	组间	114.757	4	28.689	1.932	0.105	
	组内	4574.795	308	14.853			
	总计	4689.553	312				
支出公平	组间	9.651	4	2.413	0.284	0.888	
	组内	2614.630	308	8.489			
	总计	2624.281	312				
行政公平	组间	89.909	4	22.477	2.577	0.038	
	组内	2686.935	308	8.724			8 > 2
	总计	2776.843	312				

表 4.42   采用 LSD 法的多重比较摘要表

因变量	（I）职业	（J）职业	平均差异（I−J）	标准误	显著性	95% 置信区间	
						下限	上限
行政公平	8	2	3.175 *	1.521	0.038	0.181	6.168

注：* 表示事后比较差异显著。

4.5.2.5　年收入

从表 4.43 家庭年收入的描述性统计结果可以看出，家庭年收入大多数聚集在 5 万 ~ 25 万元这一区间，其中最多的是 5 万 ~ 10 万元群体，此结果显示，家庭年收入在中低水平。方差同质性检验结果中，Levene 统计量的 F 值均未达到 0.05 显著水平，表示该群体样本的方差具有同质性。方差分析结果表 4.44 中，除"行政公平"的 F 值达到显著水平（$p = 0.01$，小于 0.05），"横向公平"和"支出公平"的 F 值均未达到显著水平。说明不同家庭年收入的群体在"横向公平"和"支出公平"感知上没有显著差异，而在"行政公平感"上存在显著差异。依旧采用最小显著差异法再一次进行事后比较，探讨具体是哪些配对组别间的差异达到显著。从表 4.45 多重比较摘要表可以知悉：就"行政公平"因变量而言，"10 万 ~ 15 万元"组群体显著高于"200 万元"组群体；"25 万元以下"组群体显著高于"25 万 ~ 50 万元"组群体。

表 4.43　　　不同年收入的群体在房产税公平感各维度上的描述性统计量

检验变量	年收入	N	平均数	标准差
横向公平	5 万元以下（1）	47	15.192	3.965
	5 万 ~ 10 万元（2）	104	13.856	3.950
	10 万 ~ 15 万元（3）	76	15.053	3.763
	15 万 ~ 25 万元（4）	62	15.613	3.485
	25 万 ~ 50 万元（5）	16	14.563	4.472
	50 万 ~ 100 万元（6）	8	15.000	3.381
	200 万元以上（8）	3	16.000	5.292
支出公平	5 万元以下（1）	47	11.511	2.422
	5 万 ~ 10 万元（2）	104	10.683	3.092
	10 万 ~ 15 万元（3）	76	11.303	2.852
	15 万 ~ 25 万元（4）	62	11.016	2.557
	25 万 ~ 50 万元（5）	16	9.438	3.245
	50 万 ~ 100 万元（6）	8	10.250	4.400
	200 万元以上（8）	3	13.000	3.464

续表

检验变量	年收入	N	平均数	标准差
	5 万元以下（1）	47	11.340	2.776
	5 万~10 万元（2）	104	11.154	2.793
	10 万~15 万元（3）	76	11.618	2.962
行政公平	15 万~25 万元（4）	62	10.710	3.080
	25 万~50 万元（5）	16	8.875	3.403
	50 万~100 万元（6）	8	10.125	3.357
	200 万元以上（8）	3	8.000	2.000

表 4.44　不同年收入的群体在房产税公平感各维度上的方差分析

检验变量		平方和	df	平均值平方	F	显著性	事后比较 LSD 法
横向公平	组间	151.045	6	25.174	1.703	0.120	
	组内	4568.550	309	14.785			
	总计	4719.595	315				
支出公平	组间	84.949	6	14.158	1.695	0.122	
	组内	2580.734	309	8.352			
	总计	2665.684	315				
行政公平	组间	147.192	6	24.532	2.855	0.010	1>5；2>5；
	组内	2655.425	309	8.594			3>5；4>5；
	总计	2802.617	315				3>8

表 4.45　　　　采用 LSD 法的多重比较摘要表

因变量	(I)年收入	(J)年收入	平均差异(I－J)	标准误	显著性	95% 置信区间 下限	95% 置信区间 上限
行政公平	3	8	3.618*	1.726	0.037	0.223	7.014
	5	1	－2.465*	0.848	0.004	－4.135	－0.796
		2	－2.279*	0.787	0.004	－3.828	－0.730
		3	－2.743*	0.806	0.001	－4.330	－1.157
		4	－1.835*	0.822	0.026	－3.452	－0.217

注：*表示事后比较差异显著。

4.5.2.6　住房价值

对被调查者的家庭住房的市场价值进行描述性统计分析，从描述性统计结果表 4.46 可看出，住房市场价值在 20 万~100 万元的家庭占绝大多数，其中，住房价值 400 万元以上的家庭只有 1

个，为了更好地进行多重比较方差分析，将其删除。表 4.47 显示，不同住房价值的群体在"支出公平"维度上存在显著差异，而对于"横向公平"和"行政公平"维度则不存在显著差异。采用 LSD 法对其进行多重比较得出结果见表 4.48，对于"支出公平"因变量来说，家庭住房的市场价值在"200 万元以下"的组群体显著高于其在"200 万~400 万元"组群体。

表 4.46　　不同住房价值的群体在房产税公平感各维度上的描述性统计量

检验变量	住房的市场价值	N	平均值	标准差
横向公平	20 万元以下（1）	37	15.027	3.790
	20 万~50 万元（2）	94	14.692	3.984
	50 万~100 万元（3）	133	14.662	3.802
	100 万~200 万元（4）	47	15.340	3.824
	200 万~400 万元（5）	4	12.500	5.260
支出公平	20 万元以下（1）	37	11.622	2.732
	20 万~50 万元（2）	94	10.692	3.027
	50 万~100 万元（3）	133	11.196	2.773
	100 万~200 万元（4）	47	10.723	3.005
	200 万~400 万元（5）	4	7.250	2.754
行政公平	20 万元以下（1）	37	11.000	3.383
	20 万~50 万元（2）	94	11.223	2.697
	50 万~100 万元（3）	133	11.135	3.010
	100 万~200 万元（4）	47	10.468	3.134
	200 万~400 万元（5）	4	10.500	3.873

表 4.47　　不同住房价值的群体在房产税公平感各维度上的方差分析

检验变量		平方和	df	平均值平方	F	显著性	事后比较 LSD 法
横向公平	组间	40.395	4	10.099	0.672	0.612	
	组内	4656.354	310	15.020			
	总计	4696.749	314				
支出公平	组间	87.969	4	21.992	2.649	0.033	1 > 5；2 > 5
	组内	2573.827	310	8.303			3 > 5；4 > 5
	总计	2661.797	314				
行政公平	组间	20.968	4	5.242	0.584	0.674	
	组内	2780.575	310	8.970			
	总计	2801.543	314				

表 4.48　　　　　　　　采用 LSD 法的多重比较摘要表

因变量	(I) 住房价值	(J) 住房价值	平均差异 (I − J)	标准误	显著性	95% 置信区间	
						下限	上限
支出公平	5	1	− 4.372*	1.517	0.004	− 7.356	− 1.388
		2	− 3.442*	1.471	0.020	− 6.336	− 0.547
		3	− 3.945*	1.462	0.007	− 6.823	− 1.068
		4	− 3.473*	1.501	0.021	− 6.426	− 0.520

注：*表示事后比较差异显著。

4.5.3　结果讨论

在本次问卷调查中，针对各人口统计变量对房产税公平感各维度造成的影响的问题，我们通过以上的方差分析结果得出结论："横向公平"维度的显著影响因素为学历和年龄，"支出公平"维度的显著影响因素为年龄与住房价值，"行政公平"维度的显著影响因素为职业和年收入。此结论也给房产税改革提供了一些启示：在房产税的制度设计中，需要适当考虑不同类型的居民对公平的认知；同时在纳税宣传过程中，参考居民的公平感的特征进行引导，有助于提高人们的房产税公平感。

4.6　房产税公平感对税收遵从的影响

上一节讨论了人口统计变量如何影响房产税公平感，接下来分析房产税公平感对税收遵从的影响。本次问卷调查设计了"税收遵从"量表，包含 B1 ~ B6 六题（见附录 A），以测试人们对房产税的遵从态度。我们利用 AMOS 软件建立结构方程模型对房产税公平感三个维度与房产税遵从态度的因果关系进行路径分析。

本节研究的主要目的是检验以下三个假设：

H1：房产税横向公平感对税收遵从态度具有显著正向影响；

H2：房产税支出公平感对税收遵从态度具有显著正向影响；

H3：房产税行政公平感对税收遵从态度具有显著正向影响。

为了探究房产税公平感与税收遵从的因果关系，我们建立完整的结构方程模型，不仅包括测量模型，同时包含反映各潜在变量因果关系的结构模型。

在正式进行潜在变量路径分析之前，还需对"税收遵从"量表进行因子分析。为了检验"税收遵从"量表的结构是否精良，我们采用相关性分析和主成分因子分析来简化变量维数。KMO 值为 0.839，指标值大于 0.80，表示变量间有共同因素存在，量表的因子分析适切性良好。Bartlett 球形检验的卡方值为 699.816，达到 0.05 显著水平（自由度为 15），代表总体的相关矩阵间有共同因素存在，适合进行因子分析。以特征值 >1 的标准抽取共同因素，结果显示只有一个公因子，公因子包含所有六道"税收遵从"测量题项，可以解释 55.45% 的原始变异量。所以因子分析结果表示"税收遵从"量表的因子结构已经足够精简，无需删除题项。

房产税公平感与房产税遵从态度的因果关系如因果关系模型图 4.4 所示："横向公平""支出公平"和"行政公平"变量会直接影响"税收遵从"变量，其中，潜在外因变量"横向公平"的测量指标为 A1、A2、A3、A4，潜在外因变量"支出公平"的测量指标为 A5、A6、A7，潜在外因变量"行政公平"的测量指标为 A8、A9、A10、A11，潜在内因变量"税收遵从"的测量指标为 B1、B2、B3、B4、B5、B6。17 个测量指标为样本在问卷 C（见附录 A）中"房产税公平感"量表和"税收遵从"量表的得分。

潜在变量路径分析（path analysis with latent variables，PA-LV）的评估应考虑四个方面：参数估计值的合理性、适当的标准误、参数估计值的显著性、整体模型适配度的判别。图 4.4 的检验结果表明，模型适配度的卡方值为 238.677（自由度为 113），显著性概率值 $p = 0.000$，小于 0.05，拒绝零假设。AGFI 值为 0.888，NFI 值为 0.848，RFI 值为 0.817，均未达到大于 0.90 的标准，证明模型外在质量欠佳，

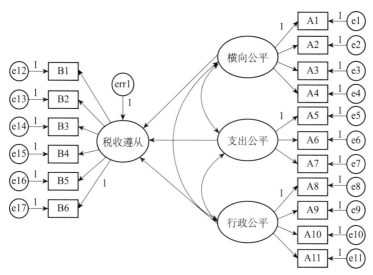

图 4.4　"房产税公平感"与"税收遵从"PA-LV 因果模型

假设模型与实际样本数据无法契合。此时，需参考 AMOS 软件提供的修正指标值对模型进行修正，增列误差项间的相关。修正后的因果模型参数估计结果和模型拟合结果分别如表 4.49 和表 4.50 所示。

表 4.49　　　　修正模型估计参数的显著性检验摘要表

潜变量及测量指标	非标准化路径系数	S. E.标准误	C. R.t 值	P 值	标准化路径系数	组合信度
横向公平—税收遵从	−0.040	0.064	−0.630	0.529	0.319	
支出公平—税收遵从	0.234	0.083	2.826	0.005	0.089	
行政公平—税收遵从	0.071	0.079	0.903	0.367	−0.042	
因子 1：横向公平	1.000				0.601	
A1	1.390	0.152	9.153	***	0.758	
A2	0.845	0.113	7.490	***	0.540	0.758
A3	1.219	0.133	9.165	***	0.741	
A4						
因子 2：支出公平	1.000				0.658	
A5	1.026	0.140	7.333	***	0.667	0.630
A6	0.687	0.111	6.205	***	0.472	
A7						

潜变量及测量指标	非标准化路径系数	S. E.标准误	C. R.t 值	P 值	标准化路径系数	组合信度
因子3：行政公平	1.000				0.715	
A8	0.929	0.123	7.549	***	0.688	
A9	0.706	0.109	6.485	***	0.486	0.685
A10	0.722	0.128	5.642	***	0.468	
A11						
税收遵从	1.000				0.514	
B1	1.386	0.158	8.780	***	0.725	
B2	1.215	0.165	7.376	***	0.576	
B3	1.270	0.185	6.879	***	0.598	0.828
B4	1.431	0.205	6.969	***	0.761	
B5	1.518	0.219	6.936	***	0.809	
B6						

注：* $p < 0.05$，** $p < 0.01$，*** $p < 0.001$。

以极大似然法估计参数的结果如表 4.49 所示，除四个参照指标值预设为 1，不予估计外，其余回归加权值均达显著，说明模型内在适配度的质量理想。此外，误差项及残差项没有出现负的误差方差，表示未违反模型基本适配度检验标准。三个潜在变量的组合信度值均大于 0.60，表示模型内在质量较好。

从表 4.50 可以看出，修正因果模型的整体适配度的卡方值等于 87.070（$p = 0.707$，大于 0.05），没有理由拒绝零假设，表示假设模型与实际数据可以契合。从其他适配度指标来看，RMSEA = 0.000 < 0.05，GFI = 0.969 > 0.90，NNFI = 1.008 > 0.90，CFI = 1.000 > 0.90，CN 值 = 430 > 200，均达到模型可以接受标准。整体而言，测量模型外在质量较好，修正后的"房产税公平感"与"税收遵从"PA – LV 因果模型与实际数据可以适配。

表 4.50　　修正模型的整体模型适配度检验摘要表

统计检验量		适配的标准或临界值	检验结果数据	模型适配判断
绝对适配度指数	χ^2 值	$P > 0.05$（未达显著水平）	87.070（$p = 0.707 > 0.05$）	是

续表

统计检验量		适配的标准或临界值	检验结果数据	模型适配判断
绝对适配度指数	RMSEA 值	<0.08	0.000	是
	GFI 值	>0.90 以上	0.969	是
	AGFI 值	>0.90 以上	0.950	是
增值适配度指数	NFI 值	>0.90 以上	0.944	是
	RFI 值	>0.90 以上	0.920	是
	IFI 值	>0.90 以上	1.005	是
	TLI 值（NNFI 值）	>0.90 以上	1.008	是
	CFI 值	>0.90 以上	1.000	是
简约适配度指数	PGFI 值	>0.50 以上	0.602	是
	PNFI 值	>0.50 以上	0.660	是
	PCFI 值	>0.50 以上	0.699	是
	CN 值	>200	430	是
	χ^2 自由度比	<2.00	0.917	是
AIC 值		理论模型值小于独立模型值，且同时小于饱和模型值	203.070<306.000，203.070<1601.754	是
CAIC 值		理论模型值小于独立模型值，且同时小于饱和模型值	478.903<1033.629，478.903<1682.601	是

结构模型显示，三个回归加权值只有"支出公平→税收遵从"达到显著，"横向公平→税收遵从"和"行政公平→税收遵从"的 p 值均大于 0.05，并不能达到显著水平。"支出公平"对"税收遵从"的标准化路径系数为 0.089。因此，假设 1 和假设 3 没有得到支持，假设 2 得到证实。房产税公平感三个维度中仅支出公平感对税收遵从态度有显著的正向影响，横向公平感和行政公平感都对税收遵从态度无显著影响。这样的结果说明被调查者更注重支出公平，如果房产税得到合理的利用，他们比较愿意纳税。

4.7 结论及政策含义

本章首先对纳税人关于房产税改革的公平感进行测量，识别房产税公平感的构成维度。通过探索性因子分析和验证性因子分析，表明量表具有良好的信度和效度。然后运用方差分析法辨析房产税公平感的影响因素，探究房产税公平感各维度差异产生的原因。最后利用结构方程模型分析房产税公平感与税收遵从的关系，对所提出的研究假设及概念模型进行验证。通过以上研究，得到如下结论①：

1. 房产税公平感的测量维度。

本章所涉及的税收公平感、税收遵从态度的相关研究在国外已有一定成果。为了让调查问卷具有良好的信度与效度，我们借鉴了已有的量表。由于这些量表基本都是关于个人所得税的研究，且以其他国家为背景，不能直接使用。我们结合中国房产税改革特点和社会背景，经过咨询专家意见、预试性测试、探索性因子分析、验证性因子分析等环节，对相关量表进行了一定程度的修改，并对其进行实证检验，以达到准确衡量我国居民的房产税公平感和遵从态度的效果。研究表明，居民的房产税公平感由横向公平、支出公平和行政公平三个维度组成。人们比较重视房产税的横向公平和支出公平。行政公平得分较低，表明被调查者对于政府部门的房产税管理水平认同度不高。

2. 人口统计变量对房产税公平感各维度产生的影响。

通过方差分析结果得出结论："横向公平"维度的显著影响因

---

① 本次问卷调查采用方便抽样和雪球抽样，因此研究结论只是一个初步的探索，不能严格适用于广泛的居民。

素为学历和年龄。学历方面，博士研究生群体显著高于大学生群体；年龄方面，"40~50 岁"组群体显著高于"30 岁以下"组群体。"支出公平"维度的显著影响因素为年龄与住房价值。年龄上，"30 岁以下"组群体显著高于"30~40 岁"组群体；住房价值上，家庭住房的市场价值在"200 万元以下"的组群体显著高于其在"200 万~400 万元"组群体。"行政公平"维度的显著影响因素为职业和年收入。职业方面，"其他"职业群体显著高于"专业技术人员"群体组别；年收入方面，"10 万~15 万元"组群体显著高于"200 万元"组群体，"25 万元以下"组群体显著高于"25 万~50 万元"组群体。

3. 房产税横向公平感、支出公平感、行政公平感与税收遵从态度的关系。

经过结构方程模型的路径分析结果可知，横向公平感和行政公平感对房产税税收遵从态度有显著正向影响的假设没有得到支持，而支出公平感对税收遵从态度有显著的正向影响。被调查者更注重支出公平，如果房产税得到合理的利用，他们比较愿意纳税。

综合上述研究结论，本章研究的政策含义有三个方面。一是房产税制度设计要尽量做到横向公平，全面考虑纳税人的房产价值、收入、人口等状况。为此，对个别房产价值较高而收入较少的居民采取适当的优惠措施，例如延迟纳税、减免税款等。当然，应该限定优惠的对象，并制定严格的审核程序，避免出现滥用税收优惠政策的现象。同时，由于我国经济发展速度较快，房产价值变动较大，房产评估的周期应当适当短一些。二是房产税收入可以用于保障房建设、教育等领域。支出情况需要一定的透明度，接受公众的监督。例如，在保障房制度建设方面，需要制定合理的保障标准，健全监督反馈机制，保证政策的公平性。三是在税收征管过程中要建立纳税人信息管理系统。房产评估、纳税申报、税款征收、税务稽查都应该充分运用信息化手段，提高管理水平。与房产税有关的信息要全国联网，各部门建立信息共享机制。只有这样，才能掌握全面准确的信息，公正对待所有纳税人。

第5章 房产税改革公平效应的实验研究

在上一章中，我们通过问卷调查测量了房产税公平感的维度、人口统计变量对房产税公平感的影响以及横向公平感、支出公平感、行政公平感与房产税遵从的关系。为了进一步考察居民对房产税公平的态度，基于房产税的特点和目前房产税征收中存在的一些问题，本章利用情景实验法分析横向公平感和程序公平感的产生，以及公平感对房产税遵从的影响，这些影响的程度以及表现形式等。我们通过简化现实背景，形成情景材料，让被试在实验材料背景下做出判断和选择，在一定程度上使研究更具有现实性。

本章的结构安排如下：5.1 节提出研究假设；5.2 节进行实验设计，包括实验基本情况和实验材料；5.3 节为实验结果分析，包括实验操作检验、描述性统计分析和假设检验；5.4 节对本章内容进行总结，给出政策建议，并对第 4 章和第 5 章的研究进行比较分析。

5.1 研究假设

5.1.1 房产税税负比较与横向公平感

房产税的横向公平感产生于居民将自己的房产税负担与他人

税收负担比较的过程中。许多研究横向公平与税收遵从关系的文献都使用税率控制横向公平（Spicer & Becker，1980；Moser，Evans & Kim，1995；Trivedi，Shehata & Lynn，2003），其实质是利用税率控制纳税人的税负，从而控制横向公平。在本章的实验中，我们直接给出纳税人的税负，研究税负比较对横向公平感的影响。

我们可以借用亚当斯（Adams，1965）提出的公平理论来解释税负比较和横向公平感的关系。亚当斯认为，人们的工作积极性取决于他是否感到公平，人们通常通过社会比较或历史比较做出公平与否的判断。社会比较指人们将自己的工作投入与报酬比与他人的这个比值进行比较。历史比较指人们将自己现在的工作投入与报酬比同自己过去某一时期的这个比值进行比较。每个人都会有意或无意地进行社会比较和历史比较，当社会比较或历史比较的结果表明收支比率相等时，他们便会感到公平；收支比率不相等时，他们便会感到不公平。

与上述公平理论的情况相似，个体是否感知公平会影响他们的纳税行为。房产税纳税人在确定是否要诚实纳税时，不仅会考虑自己的税负与住房面积是否匹配，还会把自己的税负与其他纳税人的税负进行比较。如果通过比较，纳税人发现自己的税负与他人的税负不相等时，就会产生不公平感。根据以上分析，提出下面的假设：

假设1：房产税税负水平的主效应[①]显著。当纳税人应纳房产税等于同样状况的参照对象时，他的横向公平感显著高于应纳房产税不等于（高于、低于）同样状况的参照对象的情况。

5.1.2　房产税执法公平与程序公平感

房产税的执法公平指的是税务征管机构是否严格按照相关法

---

① 主效应指与自变量各个水平相对应的因变量平均值的差异。

律法规，以公平公正的程序向不同的纳税人征税。这种公平应体现在房产税征管的全部过程中，包括纳税申报、税款征收和税务检查等环节。在本章的实验中，我们用税务机关是否按照税法规定公平公正地处理纳税人关于延期纳税的申请来表示执法是否公平，进而研究执法公平性对纳税人程序公平感的影响。

程序公正性理论（procedural justice theory）可以用来解释税收执法与程序公平感的关系（Worsham，1996）。程序公正性理论认为，在人们的认知中公正的程序是首要的，程序的公正性会影响人们的决策结果。程序公正与否会影响人们的态度和行为，因为公正的程序可以让人们觉得，他们的利益在长期中可以受到保护（Thibaut & Walker，1975）。程序公正性理论的主要内容有两个方面：一是人们对程序公平性的判断；二是这些判断对人们态度和行为的影响。利文撒尔（Leventhal，1980）提出六项原则，用以评价程序的公平性：一致性、代表性、避免偏见、正确性、修正性和道德性。这些原则构成了程序公平性判断的基础。

将程序公正性理论运用到房产税领域，房产税执法的程序公平可能会影响纳税人的公平感。如果纳税人认为纳税时的程序是不公平的，纳税人不遵从的倾向会增高，反之亦然。在形成公平判断时，一致性原则要求所有纳税人的纳税程序是一致的。避免偏见原则要求征税机关以相同的方式对待所有纳税人。正确性原则要求征税程序应该合法。修正性原则要求纳税人有机会修改其做出的任何不正确的决定。道德性原则要求征税程序必须符合现行的道德标准。基于以上原则，如果纳税人认为税收执法程序不公平，纳税人会觉得自己受到了不公平的待遇，从而对执法程序做出不公平的判断，因而产生程序不公平感。根据以上分析，提出以下假设：

假设2：房产税执法公平的主效应显著。当税收执法公平时，程序公平感明显高于执法不公的情况。

5.1.3 房产税公平感与税收遵从

房产税遵从是指纳税人按法律规定按时足额纳税，即在没有其他强制性行动的干预下，纳税人向税务机关准确按时上报应纳税额并准时缴纳税费。房产税不遵从指纳税人没有按法律规定按时足额纳税。

心理学认为，心理因素对人类行为有驱动、维持、强化和指导等作用。我们可以从激励过程角度研究房产税纳税人的心理因素对其行为的影响。激励过程指鼓励人们为达到既定目标而行动的心理过程。人类行为的激励过程由需要、动机、行为、目标四种要素组成，需要转化为动机，动机支配行为以达成目标（Locke & Bryan，1968）。从激励过程来看，由于社会比较、税收执法不公等原因使纳税人产生不公平感，不公平感驱使纳税人产生不遵从的动机，促使纳税人发生税收不遵从的行为。不公平感的程度不同，纳税人的税收遵从度可能不同。虽然公平感与纳税行为之间的关系非常复杂（Wenzel，2002），但一般认为公平感与税收遵从正相关。根据以上分析，提出以下假设：

假设3a：横向公平感与房产税遵从水平正相关。

假设3b：程序公平感与房产税遵从水平正相关。

5.2 实验设计

5.2.1 实验基本情况

本书利用情景实验法，设计了一个模拟现实的情境，在该情

境中通过对自变量的处理，考察因变量的不同。我们设计了随机
3×2两因素实验，即实验中有两个自变量：一是被试与参照对象
的税负比较，有税负高于、等于、低于参照对象三个水平；二是
税收执法是否公平，有税收执法公平与不公平两个水平。因变量
有三个，分别是被试在各种情境下的横向公平感、程序公平感和
税收遵从水平。

表 5.1　　　　　　　　　　　实验基本情况

实验组	税负比较	税收执法	参与人数
情境一	等于参照对象	公平	27
情境二	高于参照对象	公平	27
情境三	低于参照对象	公平	27
情境四	等于参照对象	不公平	27
情境五	高于参照对象	不公平	27
情境六	低于参照对象	不公平	27

在国内外的实验研究中，以在校本科学生为被试的例子是较
多的。如周浩、龙立荣和王燕等（2005）在实验中就以本科生为
被试，阿尔姆和麦基（Alm & Mckee，1992）也选择了在校本科生
进行实验研究。因此考虑到实验成本和实验环境的可控性要求，
本书以162名重庆邮电大学本科生为施测对象。所有被试此前从未
参加过类似的实验。实验进行之前，工作人员首先会告诉被试本
次实验不记名，只需要他们仔细阅读实验要求和实验材料，按照
真实意愿给出答案。六种模拟情景的实验问卷随机发放。每位被
试只能填写一种模拟情景问卷。为了使被试积极参与实验，工作
人员准备了小礼品作为报酬。

5.2.2　实验材料

实验材料包括四个部分（见附录B）。第一部分是情景故事的
阐述：李明和他的邻居王强都是三口之家，都拥有200平方米的房

产，房屋的市场价格也相同。有一天小区的公告栏里贴出了各户居民的应纳税额，要求纳税人在一个月内缴纳。王强家房产税应交 2850 元。假设李明家的房产税分为高于、等于、低于 2850 元三种情况，故事中王强家的房产税作为参照水平。在故事中李明已经失业 6 个月，按照税法规定，他可以申请延期缴纳这笔房产税，税务局有批准申请与不批准申请两种选择。被试需要将自己想象成故事的主人公李明，通过比较，李明家的房产税有税负高于、等于、低于王强家的房产税三种情况。按税务局是否批准李明延期缴纳房产税的申请，有税收执法公平与不公平两种情况。实验开始时被试被告知他们会读到一则关于房产税的故事，要求他们仔细阅读这则故事，把自己想象成故事的主人公李明，然后根据自己的真实想法回答后面的问题。

第二部分设计了三个问题，用来考察被试对情景故事是否充分理解。三个问题如下：

A1. 李明家和王强家缴纳的房产税相同。

1. 正确   2. 错误

A2. 李明家缴纳的房产税高于王强家。

1. 正确   2. 错误

A3. 税务局批准了李明的请求。

1. 正确   2. 错误

当被试对这三个问题的回答与相应情境中自变量的处理不符合时，该被试的数据作无效数据处理，不进行实验结果分析，只有当被试的回答与相应情境中自变量的处理完全相符时数据才有效。

第三部分采用李克特量表对横向公平感、程序公平感和税收遵从水平进行测量，由 B1～B7 共七个题目组成。每个题目的答案由一组陈述组成，陈述有"非常不同意""有点不同意""不能确定""有点同意""非常同意"五种回答，分别记为 1、2、3、4、

5。横向公平感用 B1 和 B2 两个问题测量，Cronbach'α 系数为 0.821。两个问题得分之和的平均值代表横向公平感水平。程序公平感用 B3 和 B4 两个问题测量，Cronbach'α 系数为 0.947。同样，这两个问题得分之和的平均值代表程序公平感水平。税收遵从用 B5、B6 和 B7 三个问题测量，Cronbach'α 系数为 0.853。税收遵从水平用 B5 和 B6 得分之和减 B7 的得分之后求得的平均值表示。[①] Cronbach'α 系数达到 0.70 以上即可接受（Hinkin，1998），本次实验三个变量的 Cronbach'α 系数均大于 0.8，说明三个变量的信度都较高，测量结果拥有较好的一致性。

第四部分由五个问题组成，是为了了解被试的性别、年龄、家庭年收入、家庭自有住房的市场价格和家庭住房所在地。

5.3 实验结果

对数据进行相关分析之前，首先进行自变量的检验操作。只有当被试对第二部分的三个问题的回答与所接受的实验处理完全一致时，数据才有效。总回收实验材料 162 份，其中 110 份有效，有效回收率 67.90%。

5.3.1 描述性统计结果

5.3.1.1 被试基本情况统计

实验参与者中有男生 38 人，女生 72 人，平均年龄 22 岁。参与者的家庭住址分布于 15 个省市。被试基本情况统计如表 5.2 所示。

---

① B7 为反向计分。

表5.2　　　　　　　　　　　被试基本情况统计

家庭年收入		家庭住房价值	
收入额（万元）	样本数（人）	住房价值（万元）	样本数（人）
5 以下	42	20 以下	34
5 ~ 10	35	20 ~ 50	38
10 ~ 15	19	50 ~ 100	28
15 ~ 25	10	100 ~ 200	9
25 ~ 50	3	200 ~ 400	1
50 ~ 100	1	400 以上	0
100 以上	0		

根据《2015 年国民经济和社会发展统计公报》和《中国家庭财富调查报告 2015》，2015 年，全国平均家庭年可支配收入为7.37 万元，平均家庭住房价值为 31.69 万元。由实验的统计结果可计算出被试的平均家庭年收入约为 9.02 万元，平均家庭住房价值约为 49.27 万元。以上分析可以看出，被试的平均家庭年收入和平均家庭住房价值均高于全国平均水平，但差异不太大。这说明样本数据具有一定的代表性。

5.3.1.2　主要变量描述性统计结果

表5.3 统计了横向公平感、程序公平感和税收遵从在不同的税负水平和税收执法情况下的均值和标准差。例如，表中第一组数据表示税负水平高于参照对象且税收执法公平时横向公平感的均值为 3.238，标准差为 1.446。结合表 5.3 和图 5.1、图 5.2 和图5.3，不论税负水平如何，税收执法公平时的横向公平感、程序公平感和税收遵从的均值都高于执法不公平的情况。这说明三个变量可能都受税收执法的影响。另外，不论税收执法公平性如何，随着税负水平按照高于、等于和低于参照对象变化时，横向公平感和税收遵从的均值都有增大的趋势，但程序公平感的均值没有明显的变化趋势，说明横向公平感和税收遵从可能受税负水平的影响，程序公平感可能不受税负水平的影响。

表5.3   主要变量的描述性统计

因变量	税收执法	税负水平		
		高于参照对象	等于参照对象	低于参照对象
横向公平感	公平	3.238（1.446）	6.737（2.353）	6.773（1.998）
	不公平	3.118（1.577）	6.571（2.278）	6.333（2.229）
程序公平感	公平	9.381（1.117）	8.579（2.219）	8.636（1.217）
	不公平	4.059（1.638）	4.857（2.476）	4.000（1.348）
税收遵从	公平	8.191（2.994）	9.790（2.299）	10.273（2.374）
	不公平	6.941（3.031）	8.286（2.867）	7.667（2.015）

注：表格中括号外的数据为平均值，括号中为标准差。

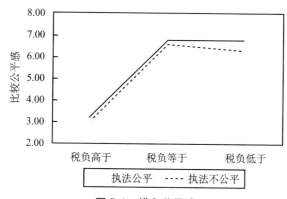

图5.1 横向公平感

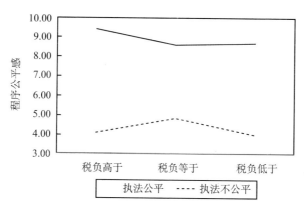

图5.2 程序公平感

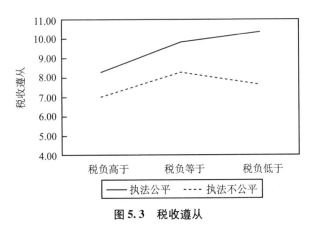

图 5.3　税收遵从

5.3.2　假设检验

5.3.2.1　方差分析

为了考察因变量的变异是否受自变量变异的显著影响，我们利用多因素方差分析方法来检验自变量的不同水平下因变量均值差异的显著性，通过观察显著性水平和 F 值来判断自变量对因变量是否造成了显著影响。结果如表 5.4 所示。

表 5.4　　　　　　　　方差分析结果汇总

因变量	变异源	自由度	均方	F 值	P 值
横向公平感	执法	1	1.464	0.374	0.542
	税负	2	138.521	35.416	0.000
	税负 × 执法	2	0.243	0.062	0.940
程序公平感	执法	1	520.889	179.473	0.000
	税负	2	1.727	0.595	0.554
	税负 × 执法	2	5.563	1.917	0.153
税收遵从	执法	1	79.936	11.449	0.001
	税负	2	24.432	3.499	0.034
	税负 × 执法	2	4.267	0.611	0.545

1. 横向公平感作为因变量的方差结果分析。

从表5.4看出，税负水平对横向公平感的主效应显著（$F = 35.416$，$P < 0.01$）。利用最小显著差数法（LSD）进一步考察三种税负水平两两之间横向公平感差异的显著性，比较结果如表5.5所示。由表5.5可以看出，税负水平高于、等于、低于参照对象时，横向公平感的均值分别是3.184、6.667、6.618，即纳税人在税负水平等于参照对象时会感到最公平。但税负水平等于参照对象的横向公平感与低于参照对象的横向公平感之间差异不显著，可知假设1未能得到完全验证。这可能是由于当纳税人的税负低于参照对象时，纳税人考虑到自己比参照对象少缴税，不会产生不公平感，反而会产生一定的公平感。

表5.5　　　　不同税负水平下横向公平感的多重比较结果

税负水平	横向公平感均值	标准差	B 均值差（标准误）	C 均值差（标准误）
高于参照对象（A）	3.184	1.486	3.483 *** （0.471）	3.433 *** （0.467）
等于参照对象（B）	6.667	2.287		0.049 （0.483）
低于参照对象（C）	6.618	2.060		

注：*** 表示均值差在0.01显著性水平上显著。

2. 程序公平感作为因变量的方差结果分析。

从表5.4看出，税收执法公平性对程序公平感的主效应显著（$F = 179.473$，$P < 0.01$）。且观察表5.3可以发现，税收执法公平时的程序公平感明显高于税收执法不公平时的程序公平感。因此假设2得到验证。

3. 税收遵从作为因变量的方差结果分析。

从表5.4看出，税收执法公平性与税负水平对税收遵从的单独影响显著，但交互作用对税收遵从的影响不显著。表5.6考察三种税负水平两两之间税收遵从差异的显著性。从表5.6可以看出，随着税负水平按高于、等于、低于参照对象变化时，税收遵从度逐渐增大。

表 5.6 不同税负水平下税收遵从的多重比较结果

税负水平	税收遵从均值	标准差	B 均值差（标准误）	C 均值差（标准误）
高于参照对象（A）	7.632	3.035	−1.424 * （0.608）	−1.535 * （0.608）
等于参照对象（B）	9.056	2.607		−0.111 （0.616）
低于参照对象（C）	9.167	2.602		

注：* 表示均值差在 0.05 显著性水平上显著。

5.3.2.2 回归分析

为了进一步确定自变量与因变量之间的关系，以及定量描述变量间的关系，我们在多因素方差分析的基础上又采用多元线性回归分析来确定自变量与因变量之间是否存在函数关系。回归分析引入被试的性别、家庭年收入、家庭住房价值作为控制变量。由于被试均为本科学生，年龄差距不大，因此不考虑学历、年龄、职业对因变量的影响。部分变量赋值情况如表 5.7 所示。

表 5.7 部分变量赋值

变量名称	赋值含义
税负	税负高于参照水平取 1、等于取 2、低于取 3
执法	执法公平取 1、不公平取 0
性别	1 表示男、0 表示女
家庭年收入	1 表示 5 万元以下、2 表示 5 万~10 万元、3 表示 10 万~15 万元、4 表示 15 万~25 万元、5 表示 25 万~50 万元、6 表示 50 万~100 万元、7 表示 100 万~200 万元、8 表示 200 万元以上
家庭住房价值	1 表示 20 万元以下、2 表示 20 万~50 万元、3 表示 50 万~100 万元、4 表示 100 万~200 万元、5 表示 200 万~400 万元、6 表示 400 万~600 万元、7 表示 600 万~1000 万元、8 表示 1000 万元以上

表 5.8 的回归结果显示，税负水平与横向公平感显著正相关，即随着税负水平按照高于、等于和低于参照对象变化时，横向公平感逐渐升高。这可能是由于缴纳房产税会使纳税人收入减少，纳税人的税负相较于参照对象越低，则收入减少得越少，横向公平感越高。横向公平感也受被试性别与家庭年收入的影响，其他

条件相同时,女性比男性的横向公平感高,年收入低的被试比年收入高的被试横向公平感高。

税收执法公平性与程序公平感显著正相关,即随着执法按照不公平到公平的顺序变化时,程序公平感逐渐增加。这进一步支持了假设 2。同时,程序公平感也受性别的影响,其他条件相同时女性比男性的程序公平感高。

税收横向公平感和程序公平感都与税收遵从显著正相关。即纳税人感到越公平,其税收遵从度越高。结合税负水平与横向公平感正相关、税收执法公平程度与程序公平感正相关,可以发现,当纳税人受到税负水平和税收执法的影响产生不公平感后,不公平感会影响税收遵从度。从以上分析可知,假设 3a 和假设 3b 得到验证。

表 5.8 回归结果

自变量	因变量		
	横向公平感	程序公平感	税收遵从
常数项	2.203 *** (3.163)	5.379 *** (9.476)	4.392 *** (5.866)
税负	1.637 *** (6.328)	− 0.213 (− 1.008)	
执法	0.253 (0.602)	4.619 *** (13.472)	
性别	− 0.836 * (− 1.876)	− 0.951 ** (− 2.619)	
家庭年收入	− 0.379 * (− 1.683)	− 0.269 (− 1.463)	
家庭住房价值	0.417 (1.535)	0.103 (0.465)	
程序公平感			0.293 *** (3.562)
横向公平感			0.406 *** (4.387)
调整 R^2	0.292	0.630	0.238
F 值	9.995 ***	38.051 ***	17.988 ***

注:*** 、** 、* 分别表示 0.01、0.05、0.1 的显著性水平,括号中为 t 值。

5.4 结论及政策含义

本章主要运用情境实验法研究居民对房产税财富公平分配效

应的态度。我们在公平理论、程序公正性理论、认知平衡理论的基础上提出本章的研究假设，然后运用情景实验法研究了房产税税负水平与横向公平感的关系、房产税执法情况与程序公平感的关系，以及两种公平感对房产税遵从的影响。首先对实验数据进行了描述性统计结果分析，接着利用方差分析考察了各因变量的变异是否受自变量的变异显著影响，最后通过引入性别、家庭年收入、家庭住房价值作为控制变量进行多元回归分析，以进一步确定变量之间的函数关系。

5.4.1　本章的结论

本章的研究结论如下：

1. 房产税横向公平感与税负水平和税收执法公平性的关系分析。

方差分析结果表明，只有税负水平对横向公平感的主效应显著。回归分析结果也显示只有税负水平与横向公平感的关系较密切，且随着税负水平按照高于参照水平、等于参照水平和低于参照水平变化时，横向公平感是逐渐升高的。因此，我们得出结论：税负水平显著影响房产税横向公平感，税收执法公平性对房产税横向公平没有显著影响。

2. 房产税程序公平感与税负水平和执法公平性的关系分析。

方差分析结果表明，执法公平性对程序公平感的主效应显著，税负对程序公平感的主效应不显著。回归分析结果显示，影响程序公平感的变量包括执法公平性和性别，说明程序公平感不仅受执法的公正性影响，也会受人们性别的影响。根据回归结果，随着执法按照公正到不公正的顺序变化时，程序公平感是逐渐降低的。因此，我们得出结论：税收执法公平性情况显著影响房产税程序公平感，税负水平对房产税程序公平感没有显著影响。

3. 房产税税收遵从与横向公平感和程序公平感的关系分析。

回归结果显示，横向公平感与程序公平感都与税收遵从有正相关关系。随着两种公平感的增大，房产税遵从度增大。因此，我们得出结论：两种公平感都显著影响房产税遵从度。

5.4.2 政策含义

根据本章的研究结论，房产税改革的制度设计与实施应该有利于财富公平分配，提高纳税人的公平感和遵从度。

第一，完善房产评估制度，提高纳税人的横向公平感。客观公正的房产评估制度有利于实现税负公平。现行房产税以房产余值或租金收入为计税依据，但房产余值不一定代表房产的真实价值，使房产税缺乏一定的横向公平。试点地区规定试点初期以住房的交易价格作为房产税的计税依据，也使个人住房房产税缺乏一定的横向公平。因此，相关部门应加强房产评估制度的完善，有效解决税负不公平问题，提高纳税人的横向公平感。

第二，在税收执法层面，健全征管和监督体系，提高纳税人的程序公平感。完善的征管和监督体系可以提高执法公平。首先，充分利用现代信息技术建立完善的房产税征管体系，有效提高税收征管的工作质量和效率，能增强征管过程中的程序公平感。其次，建立完善的监督体系，对征管工作进行有效的内外部监督，也有利于增强征管过程中的程序公平感。

5.4.3 问卷调查与情景实验结果的比较分析

在第4章，我们运用问卷调查方法考察了居民对房产税财富公平分配效应的态度。本章通过情景实验方法进行了进一步研究。下面我们对这两章的研究进行总结比较。

在其他学者的研究中，税收公平感的影响因素多种多样，概括起来可以分为个人因素和经济环境因素。同其他研究一样，我们分析了居民的性别、学历、年龄、职业和收入水平等因素对房产税公平感的影响。另外，基于房产税的计税依据和征税特点，我们还分析了住房价值、税负水平、税收执法等因素对房产税公平感的影响。虽然国内外的研究对税收公平感维度的命名不同，但大致都包含了横向公平、纵向公平、支出公平、程序公平等，我们对房产税的研究结果与其大致相同。在现有文献中，纳税人的横向公平、纵向公平、支出公平、程序公平等是影响其税收遵从的重要因素。本书的研究也为此提供了经验证据。

综合两种方法的研究，我们可以得出：个人特征、收入水平、住房价值、税负情况和政府行为等因素会在一定程度上影响纳税人的房产税公平感，房产税横向公平感、支出公平感和程序公平感对税收遵从产生影响。因此，如果房产税改革方案有利于居民财富公平分配，那么居民对房产税改革方案的态度是积极的。

两种方法的研究结果也存在差异。第4章的研究结果表明，居民的房产税公平感由横向公平、支出公平和行政公平三个维度构成，其中，横向公平感和行政公平感对房产税税收遵从没有显著正向影响，而支出公平感对税收遵从有显著的正向影响。第5章的研究结果表明，程序公平也是房产税公平感的重要维度，且横向公平感和程序公平感都与房产税遵从有显著的正相关关系。这些差异可能是研究方法不同及抽样误差造成的，可以互为补充。

第6章 房产税财富分配效应的国际比较

各个国家和地区在税收实践中依据自身情况采取了不同的房产税方案,其实践效果也有所不同。在当前的房产税改革进程中,借鉴各个国家和地区房产税实践的经验教训,对于我国房产税体系的建立和完善是非常必要的。本书以美国、英国、中国香港地区的房产税制度为主要研究对象,试图分析它们在税制设计方面存在的差异和各自的优缺点,并利用相关数据对房产税的财富分配效应进行测算,为房产税改革提供经验支持。

本章主要解决以下问题:

①从税制要素的角度来看,各个国家和地区的房产税税制设计有哪些不同?

②根据抽样数据或家庭模拟数据,计算反映居民财富公平性程度的基尼系数、MT 指数。各个国家和地区的房产税制度是否有财富分配效应?

③房产税财富分配效应产生的原因是什么?制度设计中的哪些因素可能与其有关?

本章的结构安排如下:6.1 节对美国、英国、中国香港地区的房产税制度进行比较分析,并从财富公平的角度对房产税制度进行评价;6.2 节采用极差法、MT 指数等计算方法,分析各个国家和地区的房产税制度设计对于居民财富分配的作用,并分析其对房产税制度设计的启示；6.3 节是本章的结论与政策建议。

6.1　房产税制度比较分析

在世界各国，房产税基本上都属于地方税范畴。在欧美发达国家中，不少国家普遍将其作为地方税的主要税种。本章选取的主要研究对象，是发达国家和地区中拥有百年以上房产税历史且房产税配套设施完善（立法基础与财产数据库）的美国和英国，以及与我国内地某些社会情况相近的中国香港地区。

本节从各税制要素角度分别说明美国、英国、中国香港地区的房产税制度，并从房产税对于家庭财富分配的作用视角比较分析美国、英国、中国香港地区的房产税制度设计的合理性与不足之处。

6.1.1　美国房产税制度

美国各州都征收住宅房产税，房产税是地方政府（州以下郡、市、镇、学区等）重要的财政收入来源。2008 年，美国房产税收入约占地方财政收入的 30%，地方税收收入的 50%~80%，财产税收入的 75%（其中居民住宅房产税占 50%，企业不动产税占 25%）。[1] 房产税收入用于维持各级地方政府正常运转、建造公共基础设施、满足市民其他公共需求等方面。房产税的征税权归属于地方政府，因此，地方政府可以在州政府法律规定范围内自行决定房产税税率以保障其财政收入。

---

[1]　根据美国国家统计局 2008 年统计数据计算。

6.1.1.1　税基评估

在美国，隶属于地方政府的评估机构一般设在郡一级，与征税机构分离，但都属于政府内部。该机构主要工作职责是负责辖区内土地、房屋价值的评估，按照每年地方政府制定的税率计算税额，通知纳税人缴税。该机构的工作人员，即税基评估官，均为国际估税官协会（IAAO）的会员，都是由专门的考试和培训后选拔的专业性人才。

由于拥有较为先进的计算机技术和多年的数据信息积累，评估机构依托地理信息系统（GIS）和计算机辅助批量评估系统（CAMA），通过计算机搜集房产评估需要的信息，建立多种评估模型，统一房产评估流程，能够大幅度提高评估效率，降低成本支出，误差也更小。

税基的确定是通过将房屋的评估价值与各地政府规定的比率相乘。从各州的实际情况来看，这一比率大概在10%～100%之间，即最终确认的税基大致为房屋市场价值的10%～100%。[①]

各地方政府为了能够实现房产税的增长以及居民住宅房产税的合理负担，往往在一定时间段（一般是1～10年）内会对居民的房产价值进行再次评估（蔡红英、范信葵，2011）。

6.1.1.2　税率

美国各州房产税税率由地方政府决定，因此有所差别，并无统一税率。根据相关数据统计，目前各州的房产税实际税率的区间大致为0.3%～3%，平均实际税率为1.45%。[②] 房产税的税率与地方政府本财政年度的预算收支有关，是通过预测每年财政支

---

①② 数据来源：哥伦比亚政府年度报告，"哥伦比亚税率和税收负担——一个全国性的比较"，2008。

出与其他财政收入的差额来确定的，其计算的基本公式为：

$$房产税税率 = (地方政府预算支出 - 非房产税收入 - 转移支付$$
$$收入) / (可征税房产的评估价值 \times 评估比率)$$

6.1.1.3　税收优惠

在美国，符合减免的对象可以是单位或个人，也可以是某种类型的房产。比如各级地方政府拥有的公共基础设施（学校、公园、公共道路）、宗教相关机构及归属于慈善机构的房产、军事基地都可以享受房产税豁免。美国的宪法中明确指出各级州政府应当对符合房产税减免要求的各项目进行公示。有的州政府为了方便管理，由更低一级的地方政府进行公示。

为了保障低收入人群的利益，不少州政府采用税收"断路器"这一机制，即若纳税人的房产税应纳税额与个人实际收入的比例大于"断路器"机制所规定的比例，则政府会返还一部分税收给纳税人，或者减少其应纳所得税额，或者支付给纳税人现金。这一机制能够有效缓解低收入人群在税收方面的负担。据调查，美国有29个州以及哥伦比亚特区规定其州内住宅类财产适用"断路器"机制（蔡红英、范信葵，2011）。

6.1.2　英国房产税制度

英国的房地产税收历史较为悠久，已经有较为完善的房地产税收体制。在英国，对房地产课征的税种众多，但针对房地产保有环节所征收的税种只有住宅税（domestic rates）和营业税（business rates）。住宅税也称议会税（council tax），主要针对居民住宅型的房地产，而营业税主要针对非住宅型的房地产。住宅税最初起源于1601年伊丽莎白时期，当时按家中炉灶的数目课征炉灶税。该税废止后，经过多次修改，英国政府1992年颁布《1992年地方

《财政法案》，征收议会税作为对居民住宅房产保有环节的主要税种。2008年，英国每一处居民房屋所要缴纳的住宅房产税约为1145英镑。[①]

英国实行中央集权制，国税约占全国税收的90%，是主要收入来源（蔡红英、范信葵，2011）。住宅税的征税权在地方一级，但立法权由中央掌握。住宅税是地方政府每年财政的重要来源，在地方税制中具有较为重要的地位。

6.1.2.1 税基评估

英国住宅房产税的课税对象为居民住房，主要包括普通居民住宅（公寓、平房等）和居住用船只；纳税人为住房拥有者或承租者；税基为房屋的评估价值，目前，以1991年8月1日的估值为基准。除发生扩建或部分拆除等情况，导致房屋价值发生较为巨大的变化，在一定时期内房屋价值不进行重新估算。目前，评估周期通常为5年（郭文华、曹庭语、刘丽等，2005）。由于每进行一次重新评估需要较高的费用，因此政府不愿意缩短评估周期，这也可能导致评估价值不能完全反映房屋的市场价值，从而导致纳税人缴税的不公平。

6.1.2.2 税率

英国实行累进的房产税税率，税率由政府预算差额决定。具体计算方式为：首先统计各地方辖区内所有住宅的估计价值，根据估计价值进行分组分类（见表6.1），同时统计各组（级别）的房屋数量；然后根据地方政府的预算开支减去其他收入来源得到应课税总额；最后根据应课税总额和辖区内房屋数量及价值分布决定税率。由于地区差异，英格兰、威尔士、苏格兰的分级标准

---

① 数据来源：BR and CTB forms.

略有不同。

表 6.1   英格兰各级房屋价值分类标准及平均税额

房屋等级	房屋价值（以 1991 年评估价值为基准）（英镑）	比例系数	平均税额（英镑）
A	40000	6/9	845
B	40001 ~ 52000	7/9	986
C	52001 ~ 68000	8/9	1127
D	68001 ~ 88000	9/9	1268
E	88001 ~ 120000	11/9	1550
F	120001 ~ 160000	13/9	1832
G	160001 ~ 320000	15/9	2113
H	320000 以上	18/9	2536

数据来源：https：//en. wikipedia. org/wiki/Council_ Tax#Second_ Adult_ Rebate.

各等级纳税额的确定方式是：先对辖区内房屋价值情况进行普查，得出 D 级房屋的预估税额，然后将该等级的纳税额作为标准税额。以表 6.1 中数据为例，2006 年，英格兰 D 级房屋的平均纳税额为 1268 英镑，而其他各级的税额则乘以一定的比例系数，得到平均纳税额。

由于各地情况不同，不同地方政府所制定的 D 级房产应纳税额也有较大区别。由表 6.2 可知，2008 年，英格兰大伦敦行政区内，最低的地区威斯敏斯特（Westminster）D 级房屋纳税额为 681.68 英镑，仅为 2006 年 D 级房产应纳税额均值的一半左右；而最高的里士满（Richmond）达到了 1490 英镑，约为 2006 年平均值的 1.2 倍。

表 6.2   大伦敦行政区内 D 级房产税税率表

议会区域	D 级房屋税额（英镑）	占 2006 年平均税额（1268 英镑）的比例（%）	年份
威斯敏斯特（Westminster）	681. 68	0. 54	2008
哈默史密斯和富勒姆（Hammersmith & Fulham）	862. 77	0. 64	2008

续表

议会区域	D 级房屋税额（英镑）	占 2006 年平均税额（1268 英镑）的比例（%）	年份
肯辛顿和切尔西（Kensington & Chelsea）	1031. 15	0. 81	2008
朗伯斯（Lambeth）	1187. 23	0. 94	2008
伊斯灵顿（Islington）	1219. 4	0. 96	2008
2006 年 D 级房屋平均值	1268	1	2006
伊灵（Ealing）	1344. 1	1. 06	2008
克里登（Croydon）	1357. 64	1. 07	2008
豪恩斯洛（Hounslow）	1394. 53	1. 1	2008
里士满（Richmond）	1490. 6	1. 18	2008

数据来源：https：//en. wikipedia. Org/wiki/Council_ Tax#Second_ Adult_ Rebate.

6.1.2.3　税收优惠

对于可以获得减免的纳税对象，英国法律有较为详细的规定。具体减免方式分为三类：

1. 免税。

在以下三种情况下，住宅可以免税。一是住宅处于空置①等特别的物理状况；二是住宅由于特定目的被持有，例如慈善机构或宗教组织所有的物业；三是住宅为特定人群所有或占用，例如为学生提供住宿的公寓。

2. 税收折扣。

标准等级 D 住宅的税额是以有两个应税的成年人居住在一个被评定为等级 D 的住宅内作为基准的。然而，并非所有的住宅都有两个应税的成年人居住。按照英国《1992 年地方财政法案》规定，如果一处住宅仅有一个应税成年人居住，应纳税额应当减免

---

①　空置与无人占用不同。无人占用是指无人居住，而空置是指无人居住并且未装修的状况。

25%；如果一处住宅没有应税成年人居住，应纳税额应当减免 50%。

3. 裁量减免。

英国《1992 年地方财政法案》（Local Government Finance Act 1992）及《2003 年议会税条例》（The Council Tax Regulations 2003）赋予国务大臣和税务机关裁量减免权力。例如，根据国务大臣的决定，符合条件的残障人士所应负担的议会税可以按照比其原所在等级低一个等级的标准计算应纳税额。比如，其住房评估等级为 F 级，则他每年只需要缴纳 E 级的税额 1550 英镑。税务机关可以根据具体情况将应纳税额减至其认为合适的任何数额。①②

6.1.3　中国香港地区房产税制度③

中国香港地区的土地制度与内地相同，都为国有土地制度。在中国香港地区，对土地或楼宇等不动产进行课税，该税种称为"差饷"。差饷的征收来自英国，是一种对不动产的估值或租值征收的税收。在早期，差饷也称为"警捐"，其用途最初是用于维持警察部队的日常开支所需，后用于更广的公共事业用途，比如供水、街灯及消防等市政开支。

中国香港政府于 1845 年开始征收差饷，并于 1888 年制定了《差饷条例》作为差饷的征税依据。2009 ~ 2010 财政年度，差饷约

---

① http：//www. legislation. gov. uk/1992？title = Local% 20Government% 20Finance% 20 Act% 20.

② http：//www. legislation. gov. uk/2003？title = The% 20Council% 20Tax% 20Regulations% 202003.

③ 除特别说明外，本节的数据及其他内容参见香港特别行政区政府差饷物业估价署网站，网址 http：//www. rvd. gov. hk/.

占中国香港政府年收入的5%左右（丁芸，2009）。

6.1.3.1　税基评估

差饷是按照房产的应课差饷租值再乘以一个百分率征收的。该租值是假设房产在指定的估价日期空置出租时，估计可取得的合理年租而计算的。应课差饷租值是指房产在以指定的估计价格对外空置出租所得到的年化租金。在对租金进行评估的时候，假设由租客承担差饷税和其他相关税收，业主则需要缴纳地税、保险费用、修葺费用等其他一切需要维持房产原值的各项支出。这意味着在评估房产价值时一般不考虑年久失修等因素造成房产价值的下降，只有当房屋发生了严重失修的情况下，才会适当减少应课差饷租值。

6.1.3.2　税率

差饷的课税税率在历史上曾有过多次调整，最高曾达到18%，目前处于5%的最低点。差饷的税率在20世纪70年代中期之前为15% ~ 18%，1977 ~ 1978年变为11.5%，1984 ~ 1985年重新调整为5.5%，此后在5% ~ 6%的区间波动。1999 ~ 2000年，中国香港政府将税率确定为5%（蔡红英、范信葵，2011）。

在21世纪以前，中国香港政府规定的房产税评估周期是三年。1999年以后，为了提高评估价值的准确性，更好地反映房屋市场价值的变化，中国香港政府规定评估周期改为一年。应课差饷租值的估价日期以前一年的10月1日为基准，下一年的4月1日即可生效。例如，在2017 ~ 2018财政年度内，差饷征收率为5%。估价的基准时间为2016年10月1日，应课差饷租值的生效时间则为2017年4月1日。差饷的计算公式为：

$$应纳差饷税额 = 应课差饷租值 × 税率（5\%）$$

6.1.3.3　税收优惠

对于差饷的免征，有两种情况：一是豁免评估差饷，即该类房屋不会载于估价册内；二是豁免缴纳差饷，即房产的价值依旧载入估计册计算差饷，但政府可通过行政手段豁免其差饷缴纳的义务。

个人或单位房产是否获得差饷豁免由以下因素决定：一是社会因素，如火葬场、坟场等公共服务用地可减免；二是行政因素，例如低于订明应课差饷租值的房产；三是政治因素，例如领事馆和军事用地可免除缴税义务；四是历史因素，例如新界（新九龙除外）区域内与农业相关或是进行农耕的农夫的住宅以及行政长官做出明确指示的住宅，都可以免除缴税义务。

6.1.4　房产税制度比较分析[①]

6.1.4.1　税基评估比较分析

美国、英国、中国香港地区都采用从价计征的计税方式。不同之处在于，美、英两国对住房的市场价值进行评估，而中国香港地区对住房的年租金进行评估。这与英国对中国香港地区的殖民历史有关。不少英国的前殖民地包括澳大利亚、中国香港、新西兰等国家和地区都采用租金年值作为税基。从评税的周期来看，美国由于地方政府的差异，在 1~10 年不等的时间内重新评估房屋的价值，中国香港地区则为 3 年，英国通常为 5 年左右。从评估比率的选取来看，中国香港地区和英国没有设置评估比率，估值全额作为税基。而美国则要根据各地的实际情况确定不同的评估比

---

① 本节的数据来源参见前一节。

率，在 10%～100% 的区间内浮动。

美国依托其先进的评估技术以及灵活的评估比率使评估价值能及时地反映住宅价值的市场变化，拥有高净值房屋的富裕人群需要为其豪宅缴纳更多的房产税，是三者中最为公平的房产税制度。而英国则由于评税周期长达 5 年，而且当前仍旧使用 1991 年的房屋估值作为计税依据，评估价值与住房的实际价值可能偏离较大，弱化了房产税的财富分配效应，甚至有可能加剧财富分配不公平的现象。中国香港地区采用的租金年值估值法符合房屋价值变化的市场规律，并且评估周期为 3 年，能够较为及时地反映房屋的市场价值变化，一定程度上有助于家庭财富的公平分配（见表 6.3）。

表 6.3 税基评估情况的比较

国家或地区	计税方式	计税依据	评税周期	是否有评估比率
美国	从价计征	房屋的评估价值	1～10 年	有，10%～100% 不等，由各地方政府决定
英国	从价计征	房屋的评估价值	5 年（但仍以 1991 年 4 月 1 日的房屋估值作为计税基础）	无
中国香港	从价计征	年租金价值（应课税净值）	3 年	无

6.1.4.2 税率比较分析

在税率的决定权方面，美、英两国地方政府能够根据预算和住宅数量情况自主决定税率，而在中国香港则由特区政府统一决定税率。在税率的计算方式上，美国和中国香港都采用比例税率，征收成本较低，但无法体现对不同价值的住房的公平性，拥有更高房屋价值的业主与其他业主适用相同的税率，不利于财富的公平分配。英国采用的是定额税率，不同房屋价值等级（A～H）的业主缴纳各自等级对应的固定税额，相对更有利于财富公平分配。

6.1.4.3　税收优惠比较分析

美国、英国、中国香港都通过法律条款的形式确定了减免住宅房产税的范围。在美国，各州政府根据实际情况，设定一定数量的免税额。英国对于拥有两套及以上住宅的所有者，规定第二套住宅可减免50%的房产税。而中国香港则对某些农村地区的村屋完全免除房产税的缴纳。

针对特殊人群，美国的减免税政策较为全面，比如"断路器"机制的运用，同时，老年人、残疾人、低收入群体、退伍军人等群体适用于延期纳税的政策，可以延长其完税的期限。

相比英国和中国香港地区，美国有更全面、更灵活的税收优惠政策。因此，从制度层面来看，美国的房产税减免政策更符合财富公平分配的需求。

6.2　房产税财富分配效应测算与分析

本节通过选取美国、英国、中国香港地区居民房产的数据，采用极差法、MT指数等计算方法，分析各国和地区的房产税制度设计对于居民财富分配的作用，主要对以下问题进行讨论：房产税的财富分配作用是正向的还是负向的？是否与税制要素中的某一部分有较强的相关性？应当如何发挥房产税的财富分配作用？最后得出对我国房产税改革的启示与政策建议。

6.2.1 数据来源与测算方法

6.2.1.1 数据来源

在本书所选取的数据中，美国部分的主要数据来源为马萨诸塞州下辖各市镇政府房产估值公开数据库①，主要涉及的市镇为埃姆斯伯里（Amesbury）、埃德加敦（Edgartown）、乔治城（Georgetown）、伊普斯威奇（Ipswich）、温彻斯特（Winchester）等 16 个市镇。每个市镇根据街道范围随机选取 50 户居民住宅②，共计 800 个家庭住宅样本。英国部分的研究中，由于缺乏真实的家庭微观数据，因此我们选取模拟的典型家庭房产价值进行计算。

中国香港地区的主要数据来源为香港特别行政区差饷物业估价署公布的物业市场统计资料，包括《私人住宅—各类单位租金》《私人住宅—各类单位平均售价》《房屋估价册》等数据文件资料。③

6.2.1.2 测算方法

我们采用基尼系数来测度财富不平等程度。基尼系数的计算公式如下：

$$G = \frac{1}{2n^2\mu} \sum_i \sum_j |y_i - y_j| \qquad (6.1)$$

其中，n 代表样本数量，μ 为平均财富，y_i 和 y_j 分别代表第 i 和 j 个样本的财富。

---

① 如 Amesbury 的数据库为 http：//data. visionappraisal. com/AmesburyMA/，其他市镇的估价数据库网址类似。

② 估值数据库中住宅类型为 Residential.

③ http：//www. rvd. gov. hk/mobile/sc/index. html.

采用 MT 指数测度财富分配效应，用公式表示如下：

$$MT = G_X - G_Y \qquad (6.2)$$

其中，计算结果 MT 即为 MT 指数。G 指的是基尼系数，角标 X、Y 用于区分税前和税后。如果房产税能够促进财富公平分配，那么征税后基尼系数下降，MT 指数为正数；反之则表示房产税不利于财富的公平分配，扩大了财富的差距，MT 指数为负数。

6.2.2　美国房产税财富分配效应的测算

正如前文对于美国房产税制度的介绍，美国的联邦政府和州政府只负责房产税相关的立法工作，而具体的房产税征收则由各郡、市、镇等地方政府负责，因此各州的房产税可能有较大的差别。房产税税率最高的州为伊利诺伊州，税率中位数为 2.67%，最低的是夏威夷州，税率中位数仅为 0.31%。而全美的房产税税率中位数为 1.31%，因此我们选取了房产税税率处于中等水平、所属市镇较多的马萨诸塞州。在马萨诸塞州，房产税的最低税率为 0.96%，中位数税率为 1.47%，最高税率接近 2%。①

我们以从马萨诸塞州选取的 800 个家庭住宅作为我们的研究对象。家庭住宅价值分布如表 6.4 所示。

表 6.4　　　　　　　　美国样本家庭房产价值分布情况

房屋价值区间（美元）	房屋数量（套）	占样本的百分比（%）
10 万以下	25	3
10 万~20 万	105	13

---

① 数据来自美国房地产大数据公司 CoreLogic 2016 年发布于 Market Watch 网站上的文章，网址：http：//www. marketwatch. com/search？q = CoreLogic&m = Keyword&rpp = 15&mp = 0&bd = false&rs = true.

续表

房屋价值区间（美元）	房屋数量（套）	占样本的百分比（%）
20 万~50 万	494	62
50 万~100 万	116	15
100 万~200 万	40	5
200 万~500 万	14	2
500 万以上	6	1
总计	800	100

由表 6.4 可以看出，样本中美国家庭房产的价值主要位于 10 万~100 万美元之间。在这一区间内的样本点占到了样本容量的 90%，样本点平均值为 50.01 万美元，样本点中位数值为 30.35 万美元。房屋面积的中位数为 1836 平方英尺，平均值为 2148 平方英尺，房屋面积主要分布在 1001~3000 平方英尺（见表 6.5）。本书选取的美国实际家庭房产数据具有趋向正态分布的良好数据特征，具有较好的代表性，可以作为研究样本。

表 6.5　　　　美国样本家庭房产面积分布情况

房屋面积区间（平方英尺）	房屋数量（套）	占总样本的百分比（%）
1000 以下	86	11
1001~2000	373	47
2001~3000	208	26
3001~5000	100	13
5001 及以上	33	4
总计	800	100

现在用选取的美国家庭房产样本作为对象，利用极差法和 MT 指数来分析美国的房产税制度对财富分配实际起到的作用。使用五等分极差法计算家庭财富差距，将 800 个家庭的数据按房产价值的大小顺序分为五组，每组有 160 个样本数据，计算每组中家庭的平均房产价值和组内价值总和占总样本的比例。样本的分组数据如表 6.6 所示。

表6.6　　　　　　　　**美国家庭数据样本分组情况**

组别 （%）	组内家庭 房产平均值 （税前） （美元）	组内家庭房 产平均值 （税后） （美元）	组内家庭 房产总值 （税前） （美元）	组内家庭 房产总值 （税后） （美元）	税前房产 总值占总 体的比例 （%）	税后房产 总值占总 体的比例 （%）
1～20	157090.00	159752.23	25134400.00	25560357.00	6.51	6.53
21～40	242083.13	246109.87	38733300.00	39377578.93	10.03	10.07
41～60	304758.13	309651.58	48761300.00	49544252.06	12.63	12.67
61～80	423491.20	430296.53	67758592.38	68847444.34	17.55	17.60
81～100	1286131.25	1298890.00	205781000.00	207822400.60	53.29	53.13

　　按照极差法的计算方法，我们将最高组与最低组进行比较，计算税前与税后两组之间平均值的差额和占总值比例的差额，计算结果如表6.7所示。

表6.7　　　　　　　　**税前与税后的差额比较**

差额类型	税前值	税后值	变化幅度
平均值差额（最高20%与最低20%）（美元）	1129041.25	1139137.77	10096.52
占比差额（最高20%与最低20%）（%）	46.78	46.78	0.00

　　极差法的计算结果显示，在房产税课税前，房产价值最高的分组与最低房产价值的分组平均值相差1129041.25美元，在征税后，差额变为1139137.77美元，征收房产税使最高和最低分组的平均值差额增加了10096.52美元，即征税使得极差增大1%，略微扩大了财富的差距。在课征房产税前，最高房产价值的分组与最低房产价值的分组占总数的比重相差46.78%，在课税后，这一数据依旧为46.78%，意味着每组内数据的总值占整体的比例基本不变。

　　得出五等分极差法的结果后，我们使用之前的分组继续计算每组对应的MT指数，其结果如表6.8所示。

表6.8 各组基尼系数计算结果

组别（%）	税前基尼系数	税后基尼系数	MT 指数
1～20	0.1551	0.1552	−0.0001
21～40	0.0374	0.0372	0.0002
41～60	0.0377	0.0376	0.0001
61～80	0.0692	0.0689	0.0003
81～100	0.3843	0.3831	0.0012
总体	0.4707	0.4689	0.0018

从表6.8可以看出以上五组的基尼系数在税前和税后的变化情况。除了第一组 MT 指数为负，表现出负的财富分配效应之外，其他各组的 MT 指数均表明房产税对促进财富分配有微弱的正效应。总体来看，税前基尼系数为0.4707，税后则为0.4689，相比于税前下降了0.0018，说明房产税的征收促进了财富的公平分配。但 MT 指数数值较小，说明房产税的财富公平效应不明显，仅使基尼系数下降了0.37%。

虽然美国房产税采用的是比例税率，但其房产税的财富分配效应仍有较弱的正效应。这一情况的出现与美国比例税率的相对性有关。我们选取的样本来自马萨诸塞州16个市镇的数据，而这16个市镇的房产税税率是地方政府根据每年的年度预算制定，因此存在较大的差异。最低的温彻斯特税率为1.214%，最高的埃姆斯伯里为2.097%。不同的税率导致不同市镇同样价值的房屋可能缴纳不同的税额，对财富分配产生影响。我们对伊普斯威奇的50个样本点的基尼系数进行测算，发现征税前后基尼系数均为0.1972。可见，采用比例税率的情况下，同一地区的房屋税前、税后基尼系数不会发生变化。而各市镇的不同税率使得样本整体税前、税后基尼系数变化，造成正向的财富公平分配效应。

6.2.3 英国房产税财富分配效应的测算

由于缺乏英国家庭的具体数据，我们通过计算各级房屋税率的大小，衡量其是否具有财富公平分配效应。用表6.1中的2006年英格兰分级税额（分级方法沿用至今）数据，计算各级房屋的实际税率，得到结果如表6.9所示。

表6.9　　英格兰2006年房屋分级数据实际税率计算结果

房屋等级	房屋价值（英镑）	所占百分比	平均税额（英镑）	实际税率（%）
A	40000及以下	6/9	845	4.23
B	40001~52000	7/9	986	2.14
C	52001~68000	8/9	1127	1.88
D	68001~88000	9/9	1268	1.63
E	88001~120000	11/9	1550	1.49
F	120001~160000	13/9	1832	1.31
G	160001~320000	15/9	2113	0.88
H	320001及以上	18/9	2536	0.53

注：实际税率的计算方法：A级房屋的房屋价值按照20000英镑计算，H级房屋的房屋价值按照480000英镑计算，其他等级按表中房屋价值上下限的平均数计算。

可以看出，英格兰的分级税额虽然是累进的，即不同等级平均税额是增加的，但实际税率却是累退的。这种累进税额的税率设计方式只形成了表面上的公平，即以D级房屋为基准，D级及以上房屋税额是基准税额的1~2倍，D级以下的房屋税额为基准税率的2/3~1倍之间，而实际上，D级以上房屋价值是D级房屋价值的1.2~4倍以上，远远大于税额增加的比例。房产价值最低的A级房屋需要承担4.23%的税率，而房屋价值超过320000英镑的H级房屋承担的实际税率则为0.53%，约为前者的1/4。① 这样的累退税率显示了税制设计对家庭财富的公平分配起到了相当大的负面效应。同时，同一等级的范围过宽，也容易导致纵向的不公平。以房屋价值为88001英镑和120000英镑的两个房屋来计算，其承担的实际税率为1.76%和1.29%。房屋价值更低却承担更高的税率，房屋价值更高而实际税率却较低，显然是不合理的。

---

① 考虑到320001英镑及以上价值的房屋都按2536英镑的税额计算，实际的累退程度更高。

6.2.4　中国香港地区房产税财富分配效应的测算

如前所述，中国香港的差饷税基并非房屋的评估价值，而是年租金收入的估算值。我们选取中国香港的三个区域（香港岛、九龙、新界）的平均房价作为房产的价值，平均年租金作为税基，以 2013～2015 年的样本数据计算房产税对财富分配产生的影响[①]，样本数据的情况如表 6.10 所示。

表 6.10 显示了中国香港 2013～2015 年各类住宅的房价、租金、应课差饷税额情况。[②] 我们将样本数据进行分组，每年度三个区域的 A、B、C、D、E 类住宅为一个子样本，每个子样本共 15 个样本单位，共三个子样本，再将平均租金年化得到住宅的平均年租金，将其乘以 5% 的差饷税率，计算出应课差饷税额，与税前房产平均价值相减，得出税后的房产价值。

各年度基尼系数计算结果如表 6.11 所示。由表 6.11 可知，2013 年、2014 年、2015 年的税前基尼系数分别为 0.194207、0.194207、0.189543，税后基尼系数分别为 0.205734、0.203067、0.196362。相对于税前基尼系数，税后基尼系数普遍增大，MT 指数为负，表明房产税产生了财富公平分配的负效应，扩大了财富分配的差距，高市场价值的房屋未能承担足够高的税负，而低市场价值的房屋承担了超额的房产税税负。虽然 MT 指数每年均为负值，不过其绝对值却在缩小，由 2013 年的 0.011527 下降到 2014 年的 0.008860，再下降到 2015 年的 0.006819，表明房产税虽然存在负的财富分配效应，但效应在逐年缩减。

---

① 由于中国香港地区差饷物业估价署只公开各区域年度的租金、房价，不公开家庭的个体数据，故使用平均数据作为样本计算。

② 由于中国香港地区差饷物业估价署的估价依据日期为每年的 10 月 1 日，因此表中所有数据的取值均为 10 月 1 日的数据。

表6.10　2013～2015年中国香港地区各类住宅租金、房价、差饷情况

单位：港币

类型区域	A类住宅（40平方米以下）			B类住宅（40~69.6平方米）			C类住宅（70~99.9平方米）			D类住宅（100~159.9平方米）			E类住宅（160平方米及以上）		
	港岛	九龙	新界	港岛	九龙	新界	港岛	九龙	新界	港岛	九龙	新界	港岛	九龙	新界
2015年每平方米平均租金	438	336	269	401	325	239	428	336	246	436	326	262	450	345	243
2015年平均租金	105120	80640	64560	264660	214500	157740	436560	342720	250920	680160	508560	408720	864000	662400	466560
2015年应课差饷税额	5256	4032	3228	13233	10725	7887	21828	17136	12546	34008	25428	20436	43200	33120	23328
2015年房价	149644	118424	105896	159528	121890	99417	182147	174987	107872	232767	185071	121495	274485	281375	105748
2015年税后房屋价值	144388	114392	102668	146295	111165	91530	160319	157851	95326	198759	159643	101059	231285	248255	82420
2014年每平方米平均租金	400	323	266	367	318	230	395	325	236	427	311	227	467	318	245
2014年平均租金	96000	77520	63840	242220	209880	151800	402900	331500	240720	666120	485160	354120	896640	610560	470400
2014年应课差饷税额	4800	3876	3192	12111	10494	7590	20145	16575	12036	33306	24258	17706	44832	30528	23520
2014年房价	138011	117207	98992	144179	122971	91908	178387	163791	105390	231633	200466	101652	295343	227756	111146
2014年税后房屋价值	133211	113331	95800	132068	112477	84318	158242	147216	93354	198327	176208	83946	250511	197228	87626
2013年每平方米平均租金	383	283	238	341	274	205	391	307	231	426	307	230	487	380	246

续表

类型\区域	A类住宅（40平方米以下）			B类住宅（40~69.6平方米）			C类住宅（70~99.9平方米）			D类住宅（100~159.9平方米）			E类住宅（160平方米及以上）		
	港岛	九龙	新界	港岛	九龙	新界	港岛	九龙	新界	港岛	九龙	新界	港岛	九龙	新界
2013 年平均租金	91920	67920	57120	225060	180840	135300	398820	313140	235620	664560	478920	358800	935040	729600	472320
2013 年应课差饷税额	4596	3396	2856	11253	9042	6765	19941	15657	11781	33228	23946	17940	46752	36480	23616
2013 年房价	137807	116727	98656	143321	121519	91083	178183	162873	105135	231555	200154	101886	297263	233708	111242
2013 年税后房屋价值	133211	113331	95800	132068	112477	84318	158242	147216	93354	198327	176208	83946	250511	197228	87626

数据来源：http：//www. rvd. gov. hk/mobile/sc/property_ market_ statistics/index. html.

表 6.11　　　　　　　　　　各年度基尼系数计算情况

年度	房产税前基尼系数	房产税后基尼系数	MT 指数
2013	0.194207	0.205734	− 0.011527
2014	0.194207	0.203067	− 0.008860
2015	0.189543	0.196362	− 0.006819

中国香港地区的房产税制度产生了负的财富公平效应，一定程度上与其税基的选取有关。差饷以房屋的年租金为税基，可能造成税负不公平。因为房屋的年租金虽然与房屋的市场价值有一定的相关关系，但从绝对值上来看没有成比例的数量关系，因此产生了一定的财富公平分配负效应。

6.3　国际经验对房产税改革的启示

从前面的分析可以看出，美国马萨诸塞州的房产税制度对促进财富分配公平有微弱的正效应，中国香港地区的房产税制度对财富公平分配产生较小的负效应，英国的房产税制度明显扩大了财富分配差距。可见，上述各国和地区的房产税制度对于财富分配公平并没有起到良好的效果。之所以出现这样的结果，有以下原因：

一是开征房产税的目标决定了其发挥的实际作用。在英国、美国，房产税成为地方政府主要的税收来源，并且为了使地方政府有更多自主权，中央政府一般将征税的权利下放给地方，如美国各市镇政府可以根据财政预算在立法允许的范围内决定税率。但由于地方政府的主要目的是获得税收收入，可能忽略征税的公平性。如英国之所以仍旧沿用 1991 年评估的房屋价值作为税基，是因为地方政府普遍认为重新评估的成本过高，需要消耗过多的人力、物力。房产税无法很好地发挥其促进财富公平分配的作用，很大程度与地方政府以获得财政收入为主要目标有关。虽然以房产税为代表的不动产保有环节的税收能为地方政府获得较为可观的税收收入，但同时其促进财富公平分配的职能也不应当被忽略。

二是税率的设计对能否发挥房产税的财富公平效应有较为直接的影响。根据我们的计算，美国、英国、中国香港地区采用的比例税率和固定税额的税率设计都无法较好地发挥房产税的财富公平效应。其中，比例税率的情况下，房产税几乎无法发挥对财富分配公平的促进作用，而分级固定税额的设计则可能导致实际上的累退税率。累进税率，尤其是基于房产价值的累进税率，才能真正发挥房产税在财产保有环节的财富公平分配效应。

三是税基评估方式同样可能影响房产税征收的公平性。美国以房屋的评估价值为税基，并且通过地理信息系统（GIS）对房屋的市场价值进行信息化评估，聘请专业的评估人员对房屋的应纳税额进行计算，使得税基的评估更加公正，对房产税的公平性有较好的促进作用。而中国香港地区的评估方法则使得应纳税额与其房屋的真实市场价值可能不够一致，导致不公平。英国则由于其房产税评税周期过长（5年以上），税基和房屋的市场价值可能产生较大的偏离，不太公平。

借鉴各个国家和地区的经验，建议在房产税改革中考虑以下方面：

首先，为避免地方政府片面注重房产税的募集财政收入的职能，忽视房产税的财富分配职能，从而激化社会矛盾，应当通过立法对地方政府进行适当的约束，征税机关应当被有效监督。全国立法需要充分考虑房产税的财富分配职能，对税率等基本要素进行规定，地方性法规在全国立法的框架下进行具体规定。为了限制地方政府的征税权，应该由地方人大来制定和公布征税方案。

其次，基于我国居民房产价值差异较大，房产财富分配严重不均的现状，在税率设计时采用累进税率，有助于财富分配效应的发挥。目前，大多数国家采用比例税率，只有巴西、泰国、韩国等少数国家采用累进税率。由于我国的贫富悬殊程度居于世界前列，对社会的和谐发展已经构成了严峻挑战，所以我们不能简单照搬大多数国家的做法。为了降低不平衡程度、满足人们的公平需要，尽管累进税率的征收成本较大，仍然需要选择累进税率。

最后，培养专业的评估人员、研究精确的评税技术，体现房产税的社会公平性。在房产税立法时，明确评估周期。评估周期太短，成本会比较高。评估周期太长，容易导致不公平。应该进行成本—收益分析，确定合理的评估周期。不同地区的评估周期可以不一样。例如，大城市房地产市场比较发达，房产价值变化较快，适宜规定较短的评估周期。

6.4　结论及政策含义

本章以美国、英国、中国香港地区为例，基于房产税实践对财富公平分配的影响进行实证分析。首先从税基评估、税率和税收优惠三个方面对各个国家和地区的房产税制度进行了比较分析。然后对财富不平等程度进行测算。测算结果表明，美国马萨诸塞州的房产税制度对促进财富分配公平有微弱的正效应，中国香港地区的房产税制度对财富公平分配产生较小的负效应，英国的房产税制度明显扩大了财富分配差距。上述各国和地区的房产税制度对于财富分配公平并没有起到良好的效果。这些结果对我国房产税改革有以下启示：第一，开征房产税的目标决定了其发挥的实际作用，因此，需要在立法中重视房产税的财富分配职能，规范地方政府的征税行为；第二，税率的设计对能否发挥房产税的财富公平效应有较为直接的影响，应该实行累进税率，以发挥其对财富公平分配的作用；第三，选择适当的税基评估方式，培养专业的评估人员，研究精确的评估技术，以维护房产税征收的公平性。

第7章 促进财富公平分配的房产税制度创新

  房产税制度是一整套规则和行为规范，用以约束征纳双方的行为。制度可以分为三类。第一类制度是宪法秩序，包括确立生产、交换和分配的基础的一整套政治、社会和法律的基本规则，是制定规则的规则。第二类制度是在宪法秩序框架内所创立的法律、规章、社团和合同。第三类制度是规范性行为准则，包括文化背景和意识形态等。基于本书的主题是房产税改革的财富分配效应与制度创新，本章重点探讨第二类制度，并主要从促进财富公平分配的角度讨论房产税制度创新，但考虑到将房产税的公平分配目标与其他目标完全割裂开来不太适宜，所以在某些部分我们会从总体上进行分析。①

  本章的结构安排如下：7.1 节从房产税公平的角度分析房产税制度变迁的路径；7.2 节运用新制度经济学的理论分析房产税制度的需求与供给；7.3 节研究有利于实现财富公平分配目标的房产税要素的制度安排；7.4 节构建房产税的实施机制；7.5 节探讨房产税改革与相关制度改革的耦合安排；7.6 节是本章的结论。

---

  ① 前面各章中已经根据分析结果初步提出了一些政策建议，本章是在前面各章的基础上系统地讨论房产税制度构建。

7.1 房产税公平的变迁路径

7.1.1 房产税制度的变迁及其对公平的影响

新中国成立以来，房产税制度变迁经历了四个阶段。[①] 每个阶段的制度对公平的影响表现出不同的特征。由于本书的房产税的征税对象包括房屋和土地，所以我们将对计税依据为房产和土地存量价值的税收进行讨论。

7.1.1.1 1950~1957年（建立时期）

新中国成立后，政府开始建立新的财政税收体制。1950年1月30日，政务院发布了《全国税政实施要则》，设置了房产税和地产税。1951年8月8日，政务院公布《城市房地产税暂行条例》，规定房产税的计税依据为标准房价，税率为每年1%；地产税的计税依据为标准地价，税率为每年1.5%；房价与地价难以区分的情况下，按照两者合计的标准金额的1.5%征收；合计标准金额难以获取的情况下，按照标准房地租价格的15%计征。这一时期的房地产税对促进公平起到了一定作用，但由于是比例税率，所以不能充分体现量能纳税。

7.1.1.2 1958~1978年（曲折发展时期）

这一时期我国开始大规模的税制改革，总体方向是简化税制。

---

① 参见王洪卫、陈欸和戴扬（2005）和北京大学中国经济研究中心宏观组（2007）。

1972 年 3 月，在财政部拟订的《关于扩大改革工商税制试点的报告》及《中华人民共和国工商税条例（草案）》中，城市房地产税的征收范围仅包括个人和外侨。由于原来企业缴纳的房地产税被合并到工商税中，而个人和外侨的房地产比较少，相应的税收也很少，所以房地产税对财产分配的调节作用几乎可以忽略不计。

7.1.1.3　1979～1993 年（重建时期）

1979 年开始，随着改革开放战略的推进，税制建设得到全面发展。1986 年 9 月，国务院发布《中华人民共和国房产税暂行条例》。这一时期财产税性质的房地产税包括城市房地产税、房产税和城镇土地使用税，比以前时期对财产分配的调节作用有所加强，但是也存在一些不足。首先，城市房地产税的适用范围是中外合资经营企业、中外合作经营企业、外国企业和外商的房屋、土地；新的房产税的适用范围是企业和个人拥有的经营性房产。这样造成外资与内资企业、外籍公民和本国公民的税收负担不一致。其次，房产税对经营性房屋征收，城镇土地使用税对土地征收，造成房屋和土地的税负不一致。最后，随着经济的高速增长，居民拥有的住房财富总量和不平等程度都大大增加，而房产税的征收对象并不包括非经营性房产。这样的财产税制度很不利于财富公平分配。

7.1.1.4　1994 年以后（完善时期）

2006 年 12 月 31 日，国务院发布修改《中华人民共和国城镇土地使用税暂行条例》的决定，征收标准大幅度提高。2009 年 1 月 1 日，《中华人民共和国城市房地产税暂行条例》被废止，外资企业和外籍个人按照《中华人民共和国房产税暂行条例》纳税，更好地体现了税收公平原则。2011 年 1 月，重庆和上海开始对部分个人住房征收房产税。①②

试点方案具体内容如表7.1所示，以下简称《重庆方案》和《上海方案》。2017年1月，重庆市政府将征收对象修改为"在重庆市同时无户籍、无企业、无工作的个人新购的首套及以上的普通住房"。③

表7.1　　　　　　　　　　房产税试点方案比较

试点区域	重庆市	上海市
	主城九区	本市行政区域
征收对象	1. 个人拥有的独栋商品住宅 2. 个人新购的高档住房。高档住房是指建筑面积交易单价达到上两年主城九区新建商品住房成交建筑面积均价2倍（含2倍）以上的住房 3. 在重庆市同时无户籍、无企业、无工作的个人新购的首套及以上的普通住房	本市居民家庭在本市新购且属于该居民家庭第二套及以上的住房（包括新购的二手存量住房和新建商品住房，下同）和非本市居民家庭在本市新购的住房
纳税人	纳税人为应税住房产权所有人。产权人为未成年人的，由其法定监护人纳税。产权出典的，由承典人纳税。产权所有人、监护人、承典人不在房产所在地的，或者产权未确定及租典纠纷未解决的，由代管人或使用人纳税	应税住房产权所有人。产权所有人为未成年人的，由其法定监护人代为纳税
计税依据	应税住房的计税价值为房产交易价。条件成熟时，以房产评估值作为计税依据	参照应税住房的房地产市场价格确定的评估值。试点初期，暂以应税住房的市场交易价格作为计税依据，按应税住房市场交易价格的70%计算缴纳

---

① 《重庆市人民政府关于进行对部分个人住房征收房产税改革试点的暂行办法》《重庆市个人住房房产税征收管理实施细则》：http://www.cq.gov.cn/publicinfo/web/views/Show! detail. action? sid =1032662，重庆市人民政府，2011－01－27。

② 上海市人民政府关于印发《上海市开展对部分个人住房征收房产税试点的暂行办法》的通知：http://www.csj.sh.gov.cn/pub/xxgk/zcfg/dcs/201101/t20110127_305661.html，上海市人民政府，2011－01－27。

③ 重庆市人民政府令第311号：http://www.cq.gov.cn/publicinfo/web/views/Show! detail. action? sid =4167144。

续表

试点区域	重庆市	上海市
	主城九区	本市行政区域
适用税率	1. 独栋商品住宅和高档住房建筑面积交易单价在上两年主城九区新建商品住房成交建筑面积均价 3 倍以下的住房，税率为 0.5%；3 倍（含 3 倍）至 4 倍的，税率为 1%；4 倍（含 4 倍）以上的税率为 1.2% 　2. 在重庆市同时无户籍、无企业、无工作的个人新购第二套（含第二套）以上的普通住房，税率为 0.5%	暂定为 0.6%。应税住房每平方米市场交易价格低于本市上年度新建商品住房平均销售价格 2 倍（含 2 倍）的，税率暂减为 0.4%
免税面积	扣除免税面积以家庭为单位，一个家庭只能对一套应税住房扣除免税面积 　纳税人在本办法施行前拥有的独栋商品住宅，免税面积为 180 平方米；新购的独栋商品住宅、高档住房，免税面积为 100 平方米。纳税人家庭拥有多套新购应税住房的，按时间顺序对先购的应税住房计算扣除免税面积 　在重庆市同时无户籍、无企业、无工作的个人的应税住房均不扣除免税面积	本市居民家庭在本市新购且属于该居民家庭第二套及以上住房的，合并计算的家庭全部住房面积（指住房建筑面积，下同）人均不超过 60 平方米（即免税住房面积，含 60 平方米）的，其新购的住房暂免征收房产税；人均超过 60 平方米的，对属新购住房超出部分的面积，按本暂行办法规定计算征收房产税
收入用途	个人住房房产税收入全部用于公共租赁房的建设和维护	用于保障性住房建设等方面的支出

从分配公平的角度，两地的试点方案表现出以下特点：

1. 试点目的。

《重庆方案》提出"为调节收入分配，引导个人合理住房消费"，《上海方案》提出"为进一步完善房产税制度，合理调节居民收入分配，正确引导住房消费，有效配置房地产资源"。可见，两地都将促进分配公平作为主要目的。

2. 征收对象和免税面积。

对于居民家庭，上海只对增量房产征税，而重庆还对存量房产中独栋别墅征税，更符合税收公平原则。对居民家庭新购的住房，上海对在本市新购且属于该居民家庭第二套及以上的住房征税，而重庆对独栋商品住宅、高档住房征税。两市扣除免税面积都以家庭为单位。上海规定家庭的人均免税住房面积是60平方米。而重庆对纳税人在试点方案施行前拥有的独栋商品住宅，免税面积为180平方米；新购的独栋商品住宅、高档住房，免税面积为100平方米。《重庆方案》只对居民家庭的高端住房征税，而《上海方案》不区分高端住房和普通住房，两种方案都对抑制财富不公平有一定作用。上海按家庭人数免税，而重庆不按家庭人数免税，《上海方案》在这方面更符合横向公平原则。

对于非居民家庭，上海将新购的住房都纳入征税范围，对部分购房人的新购住房且该住房属于家庭唯一住房的，暂免征收房产税。而重庆对"三无"个人新购的首套及以上的普通住房征税。两市对非居民或"三无"家庭都没有规定免税面积，应该是出于抑制投机的考虑。只要是非居民家庭，《上海方案》对其所购住房都征税，而《重庆方案》还包括无企业和无工作两个条件。《上海方案》征税范围更广，更有利于缩小分配差距。

3. 计税依据和适用税率。

上海对新购住房按应税住房市场交易价格的70%计算缴纳税款，根据应税住房市场交易价格，税率分别为0.4%和0.6%。重庆对独栋商品住宅和高档住房按照建筑面积交易单价由低到高分别实行0.5%、1%、1.2%三档税率，对"三无"个人新购第二套以上普通住房，税率统一为0.5%。由于两地都按交易价格确定税率的档次，由于交易时间的差异，同小区同户型的房屋的税率可能因交易价格的不同而不同，导致横向不公平。对高端住宅，重庆的平均税率更高，《重庆方案》的累进程度更强，更有利于调节财富分配。

4. 收入用途。

两市都主要将个人住房房产税收入用于保障性住房建设方面，

让低收入阶层受益，符合支出公平。

5. 征收效果。

2011 年，重庆财政局宣布征得住房房产税 1 亿元。截至有统计的 2012 年 12 月 31 日，重庆应征收房产税的存量及新购应税住房 11027 套，其中存量独栋商品住宅 3605 套、新购高档住房 7352 套、"三无"人员普通住房 70 套。因重庆房产税为固定税率，一经确认不再变更，考虑 2013 年新增应税住房数量，估计 2011 ～ 2013 年累计征收房产税未超过 4 亿元。

2011 年，上海财政局宣布征得个人住房房产税超过 1 亿元。根据估算，2012 ～ 2013 年，上海个人住房房产税税收收入分别为 2 亿元和 3 亿元左右，三年累计征收个人住房房产税约 6 亿元。[1][2]

尽管征收的总量很小，但对于促进税收公平是一次很有意义的探索。两市的试点方案为进一步改革提供了有益的借鉴。在全国进一步推进房产税改革的过程中，以下方面需要考虑：一是扩大征收对象，将存量房作为基本征税对象；二是完善房产登记制度、建立房产评估体系，使用评估值作为计税依据；三是设计更加合理的累进税率；四是免税面积按人计算。

7.1.2 未来房产税改革的路径

7.1.2.1 房产税改革目标

在第 6 章中对一些国家和地区的研究表明，房产税无法较好地促进财富公平分配，这与地方政府以获得财政收入为主要目标有

---

① 数据来源：http://money.163.com/14/0128/16/9JMIL0NI00254TI5.html.

② 除 2011 年外，重庆市财政局和上海市财政局没有对外公布个人住房房产税收入。

关，房产税财富公平分配的职能不应当被忽略。如第 1 章所论证的原因，在现阶段房产税改革中，短期内房产税难以作为地方财政收入的主要来源，调控房价也不宜作为房产税改革的主要目标。如果把获取财政收入、改善分配不公、调控房屋价格都作为主要目标，那么会导致没有一个目标能有效实现。应该把调节贫富差距作为房产税制度设计的最重要目标，其他两个目标处于次要地位。当然，在有关条件具备时，可以考虑把获取财政收入也作为主要目标。但这需要较长的过程，可能至少在 10 年之后才能初步形成。

由于一二线城市税源比较丰富，居民收入高，征管水平高，短期（3~5 年）可以在这些城市进行房产税改革。在积累一定经验后，中期（5~15 年）将征收范围扩大到所有城镇地区。长期（15 年以后）进一步将城乡所有房产覆盖在内。

7.1.2.2　房产税改革目标的实现策略

如何保障房产税改革达到理想的结果？这需要明确良好的房产税制度的评价标准。在经济学思想史上，许多学者对课税标准进行了论述。坦兹（Tanzi，1991）针对发展中国家税制的质量特征，提出了诊断税收制度的八种指标。我们将这些指标运用到房产税改革中，为制度设计提供参考。

1. 集中性指标（concentration index）。

集中性指标是指少数几个税种或税率所产生的税收收入占税收总收入的比例。相对少量的税种和税率能筹措到大部分税收收入，那么这种税制就是优良的税制。在房地产税收体系中，集中程度越高，税制的透明度越高，管理成本越低。目前，我国房地产税收体系税种繁多，难以分析其税收归宿和对收入分配、资源配置等方面的影响，对法定税率变化的经济效应很难做出可靠的预测。因此，房地产税收体系中的税种应该有所精简。由于土地增值税以转让房地产的增值额为计税依据，契税以房地产交易金额为计税依据，与对出售不动产课征的增值税重复，因此可以取消。城镇土地使用税与房产税都是对房地产保有环节征税，二者可以合并。房产税税率的级次不宜设置得过于复杂。

2. 分散性指标（dispersion index）。

分散性指标要求收入少的小税种数量保持在最低限度。尽管小税种的税负水平不高，但纳税人和税务机关都需要付出较高的成本，甚至总成本大于税收收入。为了保持房地产税制健全且有活力，应该取消一些小税种，将管理资源转用于改善主要税种。例如在房地产税收体系中，印花税金额较小，相对管理成本较高，可以取消。

3. 侵蚀性指标（erosion index）。

侵蚀性指标用来估算实际税基与潜在税基的接近程度。房产税的税基侵蚀有两种原因：一是合法的税收优惠措施，如免征额、优惠税率、税收抵扣、延期纳税等；二是非法的逃税行为。如果税基侵蚀严重，不管是否由合法因素导致，政府为了取得足够的房产税收入不得不实行高税率，这会使逃税现象更加严重，加重管理负担。税基侵蚀还会影响横向公平的实现。因此，房产税的侵蚀性指标应该尽可能小一些。

4. 征收时滞指标（collection lags index）。

征收时滞分为合法时滞和拖欠时滞。合法时滞是指税法规定纳税人可以在纳税义务发生后的一段时间内纳税。拖欠时滞是指纳税人在规定时间之后纳税。合法时滞可以规定得尽量短一些。考虑到许多居民缺乏缴纳房产税的习惯，为了避免较长的拖欠时滞，对滞纳行为的惩罚要适当重一些。

5. 从量性指标（specificity index）。

在现代社会，通货膨胀是一个普遍现象。如果房产税从量征收，那么会导致实际的税收收入随着通货膨胀而下降，不利于筹集收入，也不符合公平原则。现在的城镇土地使用税从量征收，应该合并到房产税中从价征税。

6. 客观性指标（objective index）。

客观性指标是指对客观上可以测定的税基征税的程度。良好的房产税制要求有健全的税基评估体系和明确的计税标准。

7. 执行性指标（enforcement index）。

执行性指标是指法定税制的执行程度。提高房产税的执行程度有增加处罚与改进管理两种途径。处罚的直接成本很低，但是随之而来的政治和社会成本却可能很大。房产税的涉及面很广，为了避免过大的成本，最佳的政策是提高管理水平（如税基评估、税务争议处理等），并采取合理的处罚措施。

8. 征收成本指标（cost-of-collection index）。

其他条件不变，房产税的征收成本越低越好。要降低房产税的征收成本，需要考虑三方面。一是税收制度方面。过于烦琐的制度设计会消耗较多的人力和物力，因此房产税的税率、税收优惠等要素应该适当简化。二是税收征管方面。采取委托代征、代扣代缴等方式，提高税收信息化水平，税收征管人员和纳税人素质的提高，这些都会降低征收成本。三是社会环境方面。通过宣传提高纳税人对房产税的自觉纳税意识，加强房产税的法治化程度，支持房产税税务代理等社会服务的发展，有助于征收成本的降低。

上面这些指标都和房产税制度的公平与效率有关。效率越高，同样成本就会带来更多的房产税收入，如果提供更丰富的公共产品，有利于交换公平。低侵蚀性指标、低从量性指标、高客观性指标有利于横向公平，低征收时滞指标、高执行性指标有利于执法公平。在房产税改革中，决策者应充分考虑这些标准。

7.2   房产税制度需求与供给

本节对奥斯特罗姆、菲尼和皮希特（1996）的分析框架进行修正，研究房产税的制度需求与供给。为了便于分析，内生变量只包括房产税制度安排，即房产税法律和规章。与房产税有关的宪法秩序和规范性行为准则被看成外生变量。

7.2.1   房产税制度需求

房产税的制度需求主体是政府和居民。当一项房产税制度安排具有正的净预期收益，需求主体就会要求这一新的安排。一项房产税制度安排给政府和居民带来的净预期收益常常是有差别的。

7.2.1.1   政府对房产税改革的需求

作为基本规则的宪法秩序的变化，能影响房产税制度安排的预期成本和收益，从而影响对新的房产税制度安排的需求。中华人民共和国成立以后实行土地公有制，城市居民的房产也大多属于公有性质，房产税在社会经济中起的作用很小。1988 年 4 月 12 日，党的第七届全国人民代表大会第一次会议通过的《中华人民共和国宪法修正案（1988 年）》增加规定："国家允许私营经济在法律规定的范围内存在和发展。私营经济是社会主义公有制经济的补充。国家保护私营经济的合法的权利和利益，对私营经济实行引导、监督和管理"；将"任何组织或者个人不得侵占、买卖、出租或者以其他形式非法转让土地"修改为："任何组织或者个人不得侵占、买卖或者以其他形式非法转让土地。土地的使用权可以依照法律的规定转让"。这些规定有利于培育房地产市场，使得房地产企业得到蓬勃发展，私人具有所有权或使用权的房地产快速增长。

居民拥有的房产迅速增加，占有房产不平衡的程度也越来越加剧。在这种情况下，政府有运用房产税调节财富分配的迫切需要。

长期以来，土地出让金是地方政府重要的收入来源。由于可用于城市建设的土地资源的逐步减少，政府对土地出让金收入的过度依赖难以为继。房地产具有固定性，纳税人难以逃税，房产税税源稳定，房地产的价值会随当地经济发展而增加，因此房产税能为政府带来持续稳定的收入。政府改革房产税的预期净收益是比较可观的。这种变化导致政府对房产税改革的需求增加。

7.2.1.2 居民对房产税改革的需求

目前，公众对贫富悬殊过大不满意，希望改变现状。在发达国家，个人所得税是促进分配公平的重要手段。然而，在我国，个人所得税的调节作用很有限。居民住房在保有环节不承担税负，促使一些人囤积大量房屋，导致房价飞涨，空置率较高，资源未能得到有效利用，引起公众不满。房产税征收范围扩大可以促进公平，使政府得到更多的公众支持。地方政府运用房产税的收入提供公共服务，有利于增加居民福利。对持有大量房产的富有阶层来说，征收房产税会导致其资产价值降低，持有房产的负担加重，可能不愿意房产税的累进性过高。

7.2.2 房产税制度供给

政治秩序提供新制度的意愿和能力是房产税制度供给的决定

因素。以下因素影响着我国的房产税制度供给。

1. 宪法秩序和现存制度安排。

《宪法》对房产税制度供给起着基础性作用。我国《宪法》第五十六条规定"中华人民共和国公民有依照法律纳税的义务",这为房产税征收提供了依据。《国家新型城镇化规划（2014—2020年）》提出，要健全城镇住房制度，建立以土地为基础的不动产统一登记制度，实现全国住房信息联网，推进部门信息共享。这样的制度安排有利于房产税改革的推进。

2. 制度设计和实施的成本。

有关制度安排的知识积累会影响制度设计的成本。多年来，我国理论界和实务界对房产税改革进行了长期深入的研究，有一定的知识积累，制度设计的成本比以前有所降低，政府更有能力进行房产税制度创新。

实施新的制度安排的人力资源和其他资源的要素价格会影响实施成本。房产税的实施需要大量的人力物力以建设管理系统，提供软硬件设施。政府在进行房产税制度设计时需要考虑实施成本的规模。技术进步等因素带来房产税征收的相对成本变化。随着房地产评估技术的发展，信息技术在税收征管中广泛深入的运用，征收成本比以前降低，政府能够公平而高效地征收房产税，愿意为实现普遍征税而进行房产税改革。

对整个社会来说，房产税改革会增加社会福利，但就个体而言，会导致部分居民得益，部分居民受损。利益受损的居民可能会反对变革，影响社会稳定。近年来，社会各界对房产税进行了很多讨论，已初步形成了房产税必然扩围的预期。因房产税改革而利益受损的居民可能调整行为，规避损失，从而减少了改革的阻力。

7.2.3 房产税制度均衡的实现

房产税制度供求分为均衡与非均衡两种状态。在均衡状态，房产税制度的改变不能给供需主体带来额外的利益，因此供需主体对现存制度安排感到满意，无意改变现状。在非均衡状态，房产税制度供给与需求不一致，可分为两种情况：制度供给过剩和制度供给不足。当一些过时的制度仍然存在时，就产生了过剩。例如，城市房地产税在一定历史时期有其存在价值，但后来就不适应现实需要，不符合公平和效率原则。当制度创新会使得需求主体利益增加时，就会出现制度供给不足。我国现行的房产税制度沿用的是1986年9月国务院发布的《中华人民共和国房产税暂行条例》。现在社会经济环境发生了很大变化，房产税制度供给明显不足。房地产开发和流转环节的税种繁多，税负较重，而房地产保有环节的税负较轻，不利于有效发挥税收的功能。这是迫切需要进行房产税改革的根本原因。完善的财政体制要求事权和财权相对应。目前，许多地方政府缺乏稳定的财源，影响政府职能的发挥，房产税可以使地方政府分享经济发展的成果，获得稳定的收入。因此，房产税改革是实现制度均衡的必要手段。

按照戴维斯、诺思和斯莫罗金（Davis，North & Smorodin，1971）的论述，决策主体可以分为初级行动团体和次级行动团体。初级行动团体的决策支配着制度创新的进程。当初级行动团体认识到改变制度安排的结构会带来净收益的增加时，就有可能启动创新的进程。次级行动团体帮助初级行动团体获取收益。考虑房产税制度供给的情形，在我国，中央政府①是初级行动团体，而地

——————————

① 这里的政府指广义的政府，是国家的立法机关、行政机关和司法机关等公共机关的总和，税务机关是其中的一部分。

方政府是次级行动团体。中央政府发现房产税结构改变存在潜在收益，决定推动改革，出台法律和政策等。地方政府按照中央政府制定的法律和政策，根据本地的实际情况制定实施细则并执行。沪渝两地的试点就是在中央政府和地方政府共同推动下趋向制度均衡的典型案例。

7.3　房产税要素的制度安排

课税对象、计税依据等房产税要素的设计是房产税改革的核心。综合前面各章的研究结论及政策含义，下面进一步设计房产税各要素的制度安排。

7.3.1　课税对象

课税对象的适当选取有利于促进财富公平分配。以前房产税只对经营性住房征收，房产税改革后将对经营性住房与非经营性住房同时征收。

与一些学者的观点不同（王智波，2011），我们认为，对存量房与增量房都应征税。市场若是有效的，由于税收资本化（Cebula，Foley & Houmes，2011），增量房的交易价格会下降。对存量房征税并不存在横向不公平问题。

另一个问题是对房产与地产合并还是分离征税。各国在这方面有三种方法：单独征收土地税、单独征收房产税、房屋和土地统一征税。单独征收土地税或房产税会导致评估和征管程序比较复杂，增加税收成本。正因为如此，大多数国家都对房屋和土地统一征税。同样，在目前我国征管水平不高、税收成本较重的情况下，可行的选择是实行统一征税。

7.3.2   计税依据

第 5 章的实验研究发现，横向公平感与税收遵从有正相关关系。计税依据合理，有助于提高纳税人的横向公平感。房产税的计税依据主要有两种：基于面积计税和基于价值计税。基于价值计税又分为按市场价值计税、按评估价值计税、按租赁价值计税。现行房产税对经营性房产按照房产原值扣除 10% ~30% 后的余值课税，税率为 1.2%，而对租赁房屋按照房产租金收入课税，税率为 12%。这样的计税依据不够合理。一是由于我国经济增长变化幅度较大，不同时间建造的相似房产的原值差异较大，税负出现明显差异。二是只有在房产年租金等于房产原值的 7% ~9% 时，同一栋房屋在两种用途上的房产税税负才相等。许多近年来建造的房屋的年租金与原值之比低于这一比例，而年代比较久远的房屋的年租金与原值之比高于这一比例，不符合税负公平原则。按评估价值计税使纳税额随着房产价值的增加而增加，符合量能负担的原则。我国自 2004 年来以来已在许多省市进行评税试点工作，积累了丰富的经验，已经具备采用评估值作为计税依据的条件。因此，我国房产税的计税依据应是房产的评估价值。

7.3.3   税率

税率设计是房产税制度创新中的关键要素，直接影响着财富公平分配目标能否实现。进行税率设计时需要考虑以下四个方面。

1. 税率的决策主体。

各国财政分权的程度、房产税的目标设计等因素存在差异，造成房产税税率的决定权在中央政府和地方政府之间的不同分配。

地方政府决定房产税税率有利于提高其财政收入能力和公共

服务水平。地方政府为了更好地提供公共服务，会积极培育房产税税源。为提高本地的房地产价值总量，将避免制定过高的税率造成本地居民的迁出。同时，地方政府会更加准确地衡量公共服务的成本和收益，以实现净收益最大化，提高财政决策的效率。

但地方政府决定税率也可能带来一些负面效应。一是在贫困地区，房地产价值总量较少，政府为了筹集必需的财政收入，不得不提高税率。高税率使居民财富减少得更多，同时对当地的经济增长产生抑制作用。由于富裕地区的财政收入一般较为充裕，那么可能将税率制定得较低。结果是各地贫富悬殊更大，不公平程度增加。二是在税收征管水平较低的地方，由于税收流失率较高，政府提高名义税率以筹集收入，从而不利于经济增长。三是地方政府为了吸引资源的流入而进行过度的税收竞争，导致财政收入下降，影响公共服务水平的提高。

借鉴其他国家的经验，考虑到我国幅员辽阔，各地经济发展水平差异很大，中央政府可以在全国范围内调节财富分配，应该由中央政府确定房产税税率幅度，地方政府根据各自的经济发展水平、房地产市场规模、预算支出等因素在幅度范围内确定适当的税率。

2. 固定税率和浮动税率的选择。

房产税税率的确定主要存在两种方式。一种是由政府部门综合考虑纳税人的负担、房产税所带来的财政收入等因素，确定一个税率。采用这种方式可以长期保持税率不变。另一种方式是地方政府根据当年的财政收支缺口和辖区内税基总量，计算出需要采用的税率，运用这种方式需要每年都计算税率。

固定税率对政府预算支出形成约束，避免过度扩张。居民可以根据税基计算出每年自己应缴纳的房产税，预期更为准确，有利于更合理地安排家庭收支。在浮动税率的情况下，根据当年需要的预算收入减去非房产税收入来确定税率，可以使公共服务所需要的税收收入得到保障；当通货膨胀严重时，可以提高税率以抵消财政收入贬值的影响。由于我国地方财政支出的决策机制在科学性、民主化、透明度等方面存在很多不足，为限制预算支出过快增长，提高纳税人的公平感，选择固定税率更加适宜。

3. 比例税率、累进税率以及平均税率的选择。

许多国家的房产税实行比例税率。比例税率的优点是便于管理，但不利于调节贫富差距。第6章对一些国家和地区的实证研究发现，比例税率无法发挥对财富分配公平的促进作用。根据第2章第3节的分析，按照戴尔蒙—米尔利斯规则，对低收入阶层的房产实行低税率，既符合公平原则，也符合效率原则。为了体现调节财产分配功能，建议对自住房屋设立3~5档超额累进税率。在第2章第3节中对斯特恩模型的分析表明，由于我国贫富悬殊过大，居民对不公平的厌恶程度较高等原因，房产税税率可以制定得适当高一些。第3章的实证分析也表明，如果要使房产税起到明显的财富调节作用，需要较高的名义平均税率和累进程度，许多学者建议的2%以下的税率所起作用是很有限的，可以考虑制定比较高的累进税率，因此名义平均税率可以在2%以上。不过考虑到纳税人的接受程度，短期内可以适当低一点。级距应当宽些，比如在50万~100万元之间。这样可以避免过高的平均税率降低资源配置效率，在优先追求公平目标的同时兼顾效率目标，也有利于得到纳税人的配合，提高税收遵从水平。

4. 是否根据产权类型确定税率。

目前，我国城镇居民家庭收入与住房价值之间的对应关系差异较大。我国复杂的住房制度演变与住房产权结构是导致这一现象的重要原因。有的学者认为，如果采用单一税率，在同一城市，原有私房和商品房家庭的税负明显高于房改房和经济适用房家庭，同时，城市或地区之间的税负也存在较大差异，在短期内会引发严重的税负公平性问题。因此，考虑我国的现实情况，可以根据住房的产权类型划定级差综合税率，以缓解税负公平性矛盾（刘洪玉、郭晓旸、姜沛言，2012）。

然而，根据产权类型来确定税率会产生明显的不公平。首先，不同产权类型的房屋适用不同税率，有时会产生横向不公平。假设现有两套房屋价值相等，但一套是商品房，一套是房改房。如果对它们按照不同税率征收，就会造成横向不公平。其次，同种产权类型的房屋适用统一的税率会导致纵向不公平。例如，普通商品房与别墅的产权类型都是商品房，按照同样的税率征税，不符合纵向公平。所以，不应根据房屋的产权类型确定税率。

7.3.4　税收优惠

税收优惠制度是实现房产税公平的重要手段。按照第4章的分析，房产税的横向公平要求全面考虑纳税人的房产价值、收入、人口等状况，对个别房产价值较高，而收入较少的居民采取适当的优惠措施。建议从以下四方面设计我国的房产税优惠政策。

第一，由于目前城乡贫富悬殊很大，一段时间内不宜对农村居民征收房产税，否则不利于缩小贫富差距，房产税的征收对象应该仅限于城镇家庭。[①] 但在长期应该将城乡房屋都列入征税范围。

第二，由于对政府部门征收房产税意义不大，大多数国家都对政府所有的房产免税。出于鼓励公益事业发展等因素的考虑，宗教、教育、慈善、医院等机构的非营利性房产也大多属于免税范围。我国也应对上述房产免税。

---

① 在沿海经济发达地区以及内地一些城市的城乡接合部的农村，一些居民拥有价值高昂的房产。对农村的别墅等高档住宅、大面积住宅以及多套住宅征税可以缩小贫富差距。是否征税可以由地方政府提出方案，报送中央政府审批。

第三，应对满足家庭基本居住需要的房产实行税收优惠，每户家庭免征额的计算公式可以为：

免征额 = 每人免税面积 × 家庭人口数 × 当地住房的平均价格

学者们大多建议免税面积在每人 30 平方米以上。目前，上海免税面积为每人 60 平方米，而重庆根据房屋类型不同，每个家庭的免税面积分别为 100 平方米和 180 平方米。根据第 3 章的分析，为了达到更好地调节财富分配的效果，免税面积不应过大。考虑到人们对房产税的接受有一个过程，以及居民的支出负担，每人免税面积开始可以为 60 平方米，以后逐步减少，最低达到 15 平方米。

第四，有的纳税人居住房屋面积较大，但收入较低，例如一些退休人员就是这种状况。为了保障低收入人群的利益，引入税收"断路器"机制，即若纳税人的房产税应纳税额与个人实际收入的比例大于规定比例，则政府返还一部分税收给纳税人，或者减少其应纳税额。

7.3.5 税收用途

西方发达国家的房产税用途较广，房产税可以用于教育、公共卫生等领域。目前，我国保障性住房建设严重滞后，主要原因在于保障房建设资金来源不足（杨志安、郭矜，2012）。在我国房产税收入较少的情况下，优先将房产税用于保障房建设，会有利于公平。根据第 2 章第 3 节的分析，对高档房屋和普通房屋征税，同时对低档房屋进行补贴，税收引起的扭曲效应较小。第 4 章关于支出公平的研究表明，建立公开透明的收支机制，保证房产税收入优先用于保障房建设，有利于促进财富公平，也有利于获得民众对房产税的认同与支持，从而提高纳税遵从度。

另外，由于我国目前在市政建设上还未达到发达国家的水准，尚有大量基础设施需要修建，因此可以考虑将房产税用于市政建设，会间接增加居民住房的效用，提升房产的价值，实质上缩小居民之间的财富差距。

7.4　房产税实施机制的构建

房产税要有效地发挥财富公平分配的作用，需要健全的实施机制作为保障。不动产登记、税基评估和税收征管对于房产税制度安排的实施至关重要。

7.4.1　完善不动产登记管理制度

完善的不动产登记制度是征收房产税的基础。《不动产登记暂行条例》自 2015 年 3 月 1 日起施行。国土资源部负责指导、监督全国不动产登记工作。2015 年，国家不动产登记信息管理基础平台上线试运行，全国 35 个县（市、区）接入国家级平台，实现了从无到有的关键突破。2016 年，接入国家级平台的县（市、区）超过 1700 个，全国 250 多个地市州盟、2100 多个县市区旗完成登记系统开发或升级改造。按照全国不动产登记信息平台建设的时间表，覆盖全国的不动产登记信息平台已在 2017 年基本建成。

尽管不动产登记取得了一定进展，但还是存在一些问题。一是国土资源部门与规划、建设等相关部门工作衔接不够，相关数据尚未实现部门间的有效整合，各部门档案系统不一致甚至冲突。二是对相关政策的执行出现偏差，一些城市的不动产统一登记进程比较缓慢。三是业务流程复杂、办证效率低、登记申请被大量积压。四是存在房屋已经颁发所有权证，但开发商并未取得土地使用权、擅自增加容积率、变更土地性质、超出批准范围建设等问题。

针对这些问题，可以有如下措施。一是系统梳理相关法律法规，参照各地在实践中发现的问题进行修订，消除法律法规之间的不统一现象。二是建立协调机制，明确各部门责任，加快存量数据整合和信息共享，并进行动态调整。三是规范各部门操作流程，制定统一、高效、便民的流程，推动"互联网＋不动产登记"，提高服务效率，对非法泄露或利用不动产信息的人员给予处罚。四是建立区域性不动产登记数据库，在此基础上推进全国联网工程。[①]

7.4.2　建立税基评估制度

我国已在部分省市进行房产税模拟实践试点工作多年，获得了一些经验，但同时也反映出一些亟须解决的问题。一是税基评估方法存在不足。由于我国存量房的数量巨大且产权性质复杂，如果只是用单宗房产估价方法进行估价，不仅花费时间过长，在质量、效率上也难以保证，同时成本很高。因此，面向房产税扩容趋势下的税基评估，必须采用专业、合理、客观、高效的住宅批量评估方法。批量评估系统包括数据管理系统、销售分析系统、评估系统及管理系统。目前，这些系统都有待进一步完善。二是房产税申诉和争议处理机制不健全。目前，我国税务部门既是征管主体，又是争议处理主体，难以维护纳税人的合法权益。

针对上述问题，可以做如下改进。一是优化房产税税基评估体系。应该根据房地产特征选择使用市场比较法、收益还原法和

---

① 参见《国土资源部办公厅印发〈关于全面排查不动产登记"中梗阻"问题的通知〉》，http：//www. mlr. gov. cn/xwdt/jrxw/201705/t20170505＿1506861. htm.

重置成本法。对于中心城市，由于具有比较成熟的交易市场，交易价格信息容易获得，一般情况下适宜用市场比较法进行评估。对于小城镇和农村，由于房地产市场规模较小，可供参考的交易基础数据比较缺乏，所以采用收益还原法或重置成本法比较恰当。我国要借鉴国际上比较成熟的批量评估方法，根据国情建立和完善批量评估模型。二是建立房产税评估申诉和争议处理机制。首先，对有异议的房产，纳税人可以要求评估机构进行实地个案评估。其次，经评估机构重新进行评估后，纳税人仍有异议，可以请求争议仲裁委员会进行裁决。仲裁委员会可由评估专家，国土、税务等政府部门人员和社会公众代表人士组成。最后，如果纳税人不同意仲裁委员会的决定，可向法院提出诉讼，由法院作出最后判决。

短期内可以由税务机关负责评估工作，国土等部门进行协助。长期则需要建立专门的第三方评估机构。税基评估的公平性很大程度上决定了税收的公平性。在其他国家和地区的房产税实践中也不难看出，专门从事税收评估的机构能够依托多样化的评估模型和先进的评估技术实现税基的准确评估，同时，其第三方的身份也有助于实现其评估的公正性，保障纳税人的权利，为发挥房产税的财富公平效应打下良好的基础。

7.4.3　优化房产税征管制度

在第 4 章关于公平感的问卷调查中，行政公平得分较低，表明居民对于政府部门的房产税管理水平认同度不高，而第 5 章的实验结果显示，程序公平感与税收遵从有正相关关系，因此，亟须优化房产税征管制度，提高征管水平。

一是优化税款征收方式。应纳税额的确定方式主要有纳税申报和税收核定两种类型。税款缴纳方式有自行缴纳、代收代缴、代扣代缴、委托代征四种类型。目前,房产税的税款征收主要采用纳税人自行申报和缴纳的方式。这种方式可以节省税务机关的征管成本。但随着对非经营性房地产征税,许多居民难以计算应纳税额,所以建议税务机关根据评估数据计算应纳税额,由居委会发单通知。税款缴纳方式采用自行缴纳的方式。

二是优化处罚制度。处罚制度对房产税的管理质量相当重要。对于逾期未缴纳税款的纳税人,发放催缴税款通知书,规定其在 1 个月之内缴纳,并加收滞纳金。如果超过 1 个月仍未缴纳,采取强制执行措施,例如从其银行存款中扣款、拍卖房地产等。欠缴房产税的房地产不能转让,产权所有人也不能购置房地产。

三是优化房产税争议处理机制。在对纳税人所有房产进行征收时,除房产税评估以外的其他方面也可能引起纳税人的异议,产生纠纷。对房产税的争议处理机制进行立法,采用机构内申诉、监管部门申诉、法庭上诉的多层级争议处理机制,使得纳税人由于征收机构损害其合法权益时能够维护自身权益,也对房产税的征收公平性提供了保障。

7.5 房产税改革与相关制度改革的耦合安排

房产税改革要实现调节贫富悬殊的目标,需要与土地出让金、个人所得税和遗产税等制度相协调。

7.5.1 房产税与土地出让金改革

关于房产税与土地出让金的协同改革,主要有三种方案:一是取消土地出让金,将土地出让金并入房产税,以房产税取代土地出让金,租税合一(夏杰长,2004;马克和,2004);二是保留土地出让金，将批租转化为年租（樊丽明、李文，2004；冯菱君、王海勇，2004）；三是保留批租制度，将部分土地出让金并入房产税（白彦锋，2007）。

能否取消土地出让金，将其并入房产税呢？从收入性质来看，土地出让金是地租，房产税是一种财产税。从功能来看，两者都是政府取得财政收入的工具，但土地出让金也是政府配置土地资源的一种手段，而房产税是政府进行再分配的一种途径。土地出让金和房产税的性质和功能不同，将两者混在一起，会导致政策分析和设计的混乱。从操作层面来看，取消土地出让金的一个问题是如何设计开发商获得土地的方式。一种可能的方案是政府提供住宅建设标准，开发商以承诺售价竞标，提出更低价格的开发商将在竞标中胜出。但这种方式是走计划经济的回头路，会导致效率低下，产生寻租行为，并不可行。

如果不取消土地出让金，那么是否可以将土地批租制改为年租制？年租制的优点是可以根据土地价值的变化动态调整租金，反映当地经济的发展状况，使地方政府有长期稳定的收入。由于居民需要每年缴纳土地租金，所以房地产交易的均衡价格将会下跌。有学者提出，在现阶段实行土地年租制可以这样操作：房地产开发商建设住宅，从项目批准之日起逐年向国有土地产权代理人交纳租金，住宅建设者出售住宅只获取建筑产品的价格（包括建设周期所耗地租）。谁是住宅产权主体，谁向国家交地租，房屋出租时，地租由住房人承担（黄卫华，2003）。在批租制的情况下，开发商只有支付全部土地出让金才能取得土地使用权，土地出让金的征收成本很低。而在年租制的情况下，由于人们的守法意识不够等原因，土地出让金的征收成本将会高得多。

为了达到土地资源的有效配置，完全取消土地出让金是不现实的。改革批租制为年租制，实施起来比较复杂。所以建议短期内保留批租制度，但需要对目前的批租制度进行完善，例如提高土地出让金预算的编制水平，严格管理土地出让金的使用。在条件成熟时，可以考虑将批租制改为年租制。

7.5.2 房产税与个人所得税改革

房产税是对存量财富的征税。个人所得税调节收入分配，是对流量的征税。在调控贫富差距方面，存量和流量都要重视，所以需要将个人所得税和房产税配合使用。以往的个税改革重心在于工薪收入，主要表现为提高个税免征额，从最初的 800 元提高至 2018 年的 5000 元；税率结构变化很小，仅在 2011 年税制中从 9 级超额累进税率改为 7 级超额累进税率。对工薪所得适用最高 45% 的边际税率，在世界上处于很高的水平，对高端人才不利。当前，居民收入来源逐渐多样化，工资性收入占比趋于下降。个人所得税对于调节收入分配起的作用不明显。当前的个税改革重心不应该继续遵循原来的模式。

个人所得税制度有三种类型：分类所得税制、综合所得税制、分类综合所得税制。分类所得课税模式虽便于征收管理，但不能很好地体现公平。综合所得课税模式具有公平税负的优势，但对税收征管要求较高。在目前税收征管水平和公民的纳税自觉性不高，个人所得税的征收主要依靠源泉扣缴的情况下，彻底实行综合课征制就会造成税款的大量流失。借鉴世界各国和地区选择个人所得税课税模式的经验，考虑到我国的具体国情和现行课税模式的缺陷，实行分类综合课税制是完善个人所得税制度的最佳选择。应在完善现行项目分类的基础上，先对不同项目所得按不同税率征税，要求纳税人按年度申报各类所得，对全部所得加总，进行个人豁免，运用累进税率征税。降低工薪所得的最高边际税率，将目前以个人为单位征收改变为以家庭为单位征收。这样就能更好地发挥个人所得税促进社会公平方面的积极作用。同时，加强对以房产税为主的财产税的征收，房产税与个人所得税协同，共同调节贫富差距。

7.5.3　房产税与遗产税改革

遗产税的征税对象是被继承人去世后所遗留的财产。居民财产分为动产与不动产。对于富有阶层来说，金融资产等动产在总资产中占的比重较大。如果征收遗产税，可以弥补房产税只针对不动产征税的不足，缩小财富分配差距。

7.5.3.1　遗产税税制模式的选择

遗产税的税制模式可以分为三种：总遗产税、分遗产税和总分遗产税。总遗产税是先对财产所有者死亡时的全部遗产净额征税，然后再进行财产的分割继承。税率设计依据遗产总额，而不考虑继承人与被继承人之间的亲疏关系，以及继承人的具体情况。分遗产税是先将遗产分给各继承人，然后根据各继承人的经济状况及其与被继承人之间亲疏关系进行不同的减免、扣除，最后再按照差别税率分别向各继承人征收遗产税。总分遗产税又称混合遗产税，是对前两种税制模式的结合，即对被继承人的遗产净额征税之后，再对继承人分得的遗产分别征税。

这三种税制模式各有利弊。总遗产税模式征收成本较低，继承人容易接受，但不考虑继承人的具体情况，因此不够公平。分遗产税按照继承人的纳税能力适用不同税率，体现了量能负担的原则，但征收成本较高。总分遗产税有利于控制税源，也能体现财富分配的公平性，但征管程序复杂，征收成本很高。

我国目前尚未建立完善的财产登记体系，税收征管水平不高，纳税意识不强。如果实行分遗产税制或总分遗产税制，尽管更能体现公平原则，但是容易导致逃税行为的发生。所以我们认为，近期内实行总遗产税，当条件成熟时，再实行分遗产税，以充分发挥遗产税的财富公平分配功能。

7.5.3.2 遗产税免征额与税率的设置

为了减少阻力，遗产税的征税面宜窄不宜宽。2007 年，我国城镇居民家庭中，财富位于顶端的 1% 家庭平均净财富为 263.8561 万元（梁运文、霍震、刘凯，2010）。如果按一家三口来计算，遗产税人均免征额为净财富 100 万元是比较合理的。人均免征额可以根据居民财富的增加和通货膨胀因素作相应的调整。

在税率的设置上，比例税率虽然简单易行，但不能充分体现调节贫富差距的功能。各国遗产税税率的设计一般采用超额累进税率或全额累进税率。我国的遗产税可采用超额累进税率。中国的传统文化认为，财富的代际转移具有相当的合理性，为了减少公众的抵触心理，遗产税的最高边际税率不宜设置过高。在采用总遗产税制的国家中，最高边际税率大多不超过 50%（刘佐，2003）。所以我们认为，遗产税率最高边际税率暂定为 50% 是比较合理的。

7.6 结 论

本章主要从促进财富公平分配的角度讨论房产税制度创新，为房产税充分发挥公平分配效应提供一个合理的改革思路，并提出具体的政策建议。

第一，从房产税公平的角度分析房产税制度变迁的路径，提出未来房产税改革的路径选择。短期内应该把调节贫富差距作为房产税制度设计的最重要目标，其他两个目标处于次要地位。为了确保房产税改革达到理想的结果，可以将坦兹提出的诊断税收制度的八种指标运用到政策制定中。

第二，运用新制度经济学的理论分析房产税制度的需求与供给。我国政府和居民都有对房产税改革的需求，我国的宪法秩序和现存制度安排、制度设计和实施的成本为房产税改革提供了有利的条件。目前，房产税制度供求处于明显的非均衡状态，房产税改革是实现制度均衡的必要手段。

第三，研究有利于实现财富公平分配目标的房产税要素的制度安排。在课税对象方面，对存量房与增量房都应征税，对房产与地产统一征税。在计税依据方面，按评估价值计税。在税率方面，由中央政府确定房产税税率幅度，地方政府根据当地情况确定适当的固定税率。为了调节贫富差距，名义平均税率应当制定得高一些，并实行超额累进税率。不同产权类型的房产应该适用统一的税率。在税收优惠方面，短期内应对农村居民免征房产税，对政府所有的和用于公益事业的房产免税，每人的免税面积不宜过多。为了保障低收入人群的利益，引入税收"断路器"机制。在税收用途方面，将房产税收入优先用于保障房建设和市政建设。

第四，构建房产税的实施机制。完善的不动产登记制度是征收房产税的基础，需要加强建设覆盖全国的不动产登记信息平台。房产税税基评估是征收房产税的前提，应该优化房产税税基评估体系，建立房产税评估申诉和争议处理机制。有效的征管制度对于实现房产税的职能非常重要，需要优化税款征收方式、处罚制度和争议处理机制。

第五，房产税改革与相关制度改革的耦合安排。在土地出让金方面，短期内保留土地出让金批租制度，但需要对目前的批租制度进行完善，在条件成熟时，将批租制改为年租制。在个人所得税方面，为了有效调控贫富差距，应该实行分类综合课税制，降低工薪所得的最高边际税率，将目前以个人为单位征收改变为以家庭为单位征收。在遗产税方面，近期内实行总遗产税，以后再实行分遗产税，并实行超额累进税率。

第8章 总 结

本章对研究内容和结论进行总结，探讨本书结论的意义，并提出进一步研究的方向。

8.1 主要结论

房产税财富分配效应作用机理分析为实证分析和制度设计提供理论基础。首先，在局部均衡分析框架内，分别从静态和动态角度分析房产税的税收归宿。我们发现，对于自用住房，房产税的归宿取决于住房所有者在购买住房前是否预料到未来将要缴纳的房产税。对用于出租或出售的住房，房产税的税收归宿取决于供求双方的弹性。其次，基于修正的哈伯格模型和索洛增长模型，运用静态与动态一般均衡分析方法，分析房产税的转嫁与归宿规律。我们发现，如果实行统一税率，房产税税负由住房资本供给者承担，而住房资本供给者拥有较多的财富，因此有利于财富公平分配；如果对不同财产和不同地区实行差别税率，总体上资本供给收益率将下降，房产税具有累进性。最后，借鉴最优商品税和最优所得税的研究，探讨最优房产税的制度设计机理。一方面，将最优商品税理论用于房产税，得出以下结论：根据拉姆齐规则，房产税率与其他商品的税率应该协调，过高或者过低的税率都不符合效率原则；按照反弹性原则，从效率的角度讲，应该比较房屋与其他商品的价格弹性来确定税率，需要充分考虑税率对效率的影响，而不是只注重公平；根据戴尔蒙—米尔利斯规则，公平和效率可以实现统一。另一方面，将最优所得税理论用于房产税，发现基于我国的经济社会状况，为了实现社会福利最大化，房产税税率可以制定得适当高一些。

运用微观模拟方法，基于44343个家庭的调查数据，以及12种房产税改革方案，对房产税的整体财富分配效应进行测度，并深入研究影响财富分配效应的各税制要素及其影响程度。分析结果显示：房产税对调节财富分配不公起到了积极的作用，且主要在调节城镇住房财富的分配方面具有比较明显的效果；房产税财富分配效应程度主要取决于纵向公平效应的大小，即由平均税负与税收累进性决定。根据上述结论，提出如下政策建议：针对城镇居民存量房开征房产税，制定基于适中的免征额与较高的累进税率的房产税改革方案。

基于网络问卷调查和实地问卷调查的样本数据，用交叉证实方法识别房产税公平感的构成维度，利用平均数差异检验研究房产税公平感的影响因素，运用多元回归分析和结构方程模型检验房产税公平感对税收遵从的影响。结果表明：房产税公平感测量量表由横向公平、支出公平和行政公平3个维度组成；各维度的影响因素分别为年龄与学历、年龄与住房价值、职业与年收入；支出公平意识对税收遵从态度有显著的正向影响，横向公平意识和行政公平意识对税收遵从态度没有显著影响。综合上述研究结论，提出如下政策建议：房产税制度设计要尽量做到横向公平，全面考虑纳税人的房产价值、收入、人口等状况；房产税收入可以用于保障房建设、教育等领域，支出情况需要一定的透明度，接受公众的监督；在税收征管过程中要建立纳税人信息管理系统，掌握必要的信息，公正对待所有纳税人。

　　运用情景实验法研究房产税税负水平与比较公平感的关系、房产税执法情况与程序公平感的关系，以及两种公平感对房产税遵从的影响，由此探讨能否从公平感的角度提高房产税遵从水平。我们发现：第一，税负水平显著影响房产税比较公平感。随着税负水平按照高于参照对象、等于参照对象和低于参照对象变化时，比较公平感逐渐升高。第二，税收执法情况显著影响房产税程序公平感。税收执法公平时的程序公平感高于税收执法不公平时的情况。第三，两种公平感都显著影响房产税遵从度。随着两种公平感的增大，房产税遵从度增大。以上结果表明，采取措施提高居民的比较公平感和程序公平感有助于提高房产税遵从度。为了提高房产税遵从度，一方面需要完善房产评估制度，提高纳税人的比较公平感；另一方面要健全征管和监督体系，提高纳税人的程序公平感。

　　以美国、英国、中国香港地区为例，基于房产税实践对财富公平分配的影响进行实证分析。我们发现，美国马萨诸塞州的房产税制度对促进财富分配公平有微弱的正效应，中国香港的房产税制度对财富公平分配产生较小的负效应，英国的房产税制度明显扩大了财富分配差距。上述各国和地区的房产税制度对于财富分配公平并没有起到良好的效果。这些结果对我国房产税改革有以下启示：第一，开征房产税的目标决定了其发挥的实际作用，因此需要在立法中重视房产税的财富分配职能，规范地方政府的征税行为；第二，税率的设计对能否发挥房产税的财富公平效应有较为直接的影响，应该实行累进税率，以发挥其对财富公平分配的作用；第三，选择适当的税基评估方式，培养专业的评估人员，研究精确的评估技术，以维护房产税征收的公平性。

　　从房产税公平的角度分析房产税制度变迁的路径，短期内应该把调节贫富差距作为房产税制度设计的最重要目标，其他两个目标处于次要地位。为了确保房产税改革达到理想的结果，可以将坦兹提出的诊断税收制度的八种指标运用到政策制定中。我国政府和居民都有对房产税改革的需求。我国的宪法秩序和现存制度安排、制度设计和实施的成本为房产税改革提供了有利的条件。在课税对象方面，对存量房与增量房都应征税，对房产与地产统一征税。在计税依据方面，按评估价值计税。在税率方面，由中央政府确定房产税税率幅度，地方政府根据当地情况确定适当的固定税率。为了调节贫富差距，名义平均税率应当制定得高一些，并实行超额累进税率。不同产权类型的房产应该适用统一的税率。在税收优惠方面，短期内应对农村居民免征房产税，对政府所有的和用于公益事业的房产免税，每人的免税面积不宜过多。为了保障低收入人群的利益，引入税收"断路器"机制。在税收用途方面，将房产税收入优先用于保障房建设和市政建设。为了构建房产税的实施机制，需要加强建设覆盖全国的不动产登记信息平台，优化房产税税基评估体系，优化税款征收方式、处罚制度和争议处理机制。加强房产税改革与相关制度改革的耦合安排。在土地出让金方面，短期内保留土地出让金批租制度，但需要对目前的批租制度进行完善，在条件成熟时，将批租制改为年租制。个人所得税应该实行分类综合课税制，降低工薪所得的最高边际税率，将目前以个人为单位征收改变为以家庭为单位征收。建议近期内遗产税实行总遗产税，以后再实行分遗产税，并实行超额累进税率。

本书的研究具有一定的理论和现实意义。现有研究对房产税财富分配效应已取得了一些成果，但国外学者大多是基于西方发达国家的研究，对发展中国家房产税的财富分配效应和制度设计研究较少。近年来，房产税成为国内学者的研究焦点，但大多数学者的研究主要是关于房产税对房价、地方财政的影响、房产税政策制定等方面，对房产税财富分配效应的系统研究还比较薄弱，而且现有研究多注重理论探讨，基于我国相关数据的实证研究还

第8章 总 结 217

十分匮乏。随着房产税改革步伐的加速，需要对房产税理论进行更加深入的研究，为房产税改革的制度设计提供理论支持。党的十九大报告要求采取措施缩小收入分配差距，完善宏观调控体系，推动经济更有效率、更加公平、更可持续发展。对房产税财富分配效应的研究，有助于为房产税改革提供一个合理的改革思路，并在税率、减免税、征税模式等方面提出具体的政策建议，为政府决策提供参考，有利于实现缩小分配差距、社会公平协调发展的目标。

8.2　后续研究工作

本书的研究存在一些不足。在研究问题方面，财富分配和收入分配是密切相关的，目前仅考虑了财富分配效应，不够全面，在未来的研究中可以将两者结合起来考察。在理论模型方面，本书借鉴最优商品税和最优所得税的研究，探讨了最优房产税的制度设计机理，如何建立更加规范的最优房产税模型，这可以作为未来的一个研究方向。在实证分析方面，受各种条件的限制，问卷调查的样本容量还不够大，未来的研究中需要增加样本容量。在制度创新方面，需要进一步根据财富公平分配这一主要目标进行更加细致的制度设计。

附录 A

房产税改革的公平态度调查问卷

属于私人、家庭的单项调查资料，非经本人同意，不得泄露。
摘自《中华人民共和国统计法》 ____

您好！

我们是国家社科基金项目《房产税改革的财富分配效应与制度创新研究》课题组的调查员，为了全面了解我国广大居民对房产税问题的看法，我们组织了这次对全国居民的调查。

本次调查严格按照《中华人民共和国统计法》的要求进行，不用填写姓名，所有回答只用于统计分析，不作为对您计税的依据，我们对您的答案绝对保密。

衷心感谢您的支持和协助！

问卷问题基于下面模拟的房产税方案，请在回答问题前仔细阅读。

房产税方案：

■ 课税对象：对土地和建筑物统一征税

■ 征税范围：城镇（包括大、中、小城市、县城、建制镇、工矿区）的居住房产

■ 免税面积：35 平方米／人

■ 计税依据：（房产总面积－免税面积×家庭人口数）×房产单价

■ 税率：0.4%～0.6%

■ 应纳税额：计税依据×税率

■ 房产税用途：保障房建设、教育、公共卫生等领域

您的家庭拥有产权属于自己的城市（镇）住房吗？本问卷中"家庭"包括夫妻双方及其未成年子女。

请在相应答案后的括弧内打钩。

1. 有（　　）　　2. 无（　　）

房产税改革的公平态度调查问卷

一、下面是一些有关房产税的问题。请根据您的真实想法，在相应答案的号码上打钩。您的答案均无正确与错误之分。

调查内容	非常不同意	有点不同意	不能确定	有点同意	非常同意
（一）房产税公平					
A1 与我家房屋价值、人口相同、收入相同的家庭应该缴纳与我同样金额的房产税	1	2	3	4	5
A2 拥有相同价值房屋和人口的家庭应该缴纳同样金额的房产税。例如，如果一个拥有100万元房产的三口之家缴了1万元的房产税，那么每个拥有100万元房产的三口之家都应该缴1万元的房产税	1	2	3	4	5
A3 与缴纳税收有关的各方面情况相同的人应该缴纳同样金额的房产税	1	2	3	4	5
A4 拥有相近价值房屋、人口相同的家庭应该缴纳相近金额的房产税	1	2	3	4	5
A5 政府利用房产税筹集收入从而提供服务是合理的	1	2	3	4	5
A6 政府将房产税收入用于建设经济适用房和廉租房是合理的	1	2	3	4	5
A7 政府将房产税收入用于教育事业是合理的	1	2	3	4	5
A8 政府会浪费房产税收入	1	2	3	4	5

调查内容	非常不同意	有点不同意	不能确定	有点同意	非常同意
A9 一般来说，政府会将房产税收入用在恰当的地方	1	2	3	4	5
A10 税务局对所有房产税纳税人会一视同仁	1	2	3	4	5
A11 税务局能掌握征收房产税的必要信息	1	2	3	4	5
（二）税收遵从					
B1 比法律规定的金额少缴一些房产税是合理的	1	2	3	4	5
B2 房产税税率太高，因此少缴房产税不应该算作欺骗	1	2	3	4	5
B3 利用机会少缴房产税是可以理解的	1	2	3	4	5
B4 我认为政府会浪费税收收入，因此我不愿缴纳房产税	1	2	3	4	5
B5 只要不被查出来，少缴一些房产税没关系	1	2	3	4	5
B6 我认为少缴房产税不会对谁造成伤害，所以这样做没关系	1	2	3	4	5

二、基本情况

请您根据自己的实际情况，在相应答案的号码上打钩。

C1. 您的性别：

1. 男　　　　　　　　2. 女

C2. 您个人的学历：

1. 高中以下　　　　　2. 高中　　　　　　　3. 大学

4. 硕士研究生　　　　5. 博士研究生

C3. 您的年龄：

1. 30 岁以下　　　　　2. 30～40 岁　　　　　3. 40～50 岁

4. 50 岁以上

C4. 您的职业：

1. 国家机关、党群组织、企业、事业单位负责人

2. 专业技术人员

3. 办事人员和有关人员

4. 商业、服务业人员

5. 农、林、牧、渔、水利业生产人员

6. 生产、运输设备操作人员及有关人员

7. 警察和军人

8. 其他

C5. 您家的年收入：

1. 5 万元以下　　　　2. 5 万 ~ 10 万元　　3. 10 万 ~ 15 万元

4. 15 万 ~ 25 万元　　5. 25 万 ~ 50 万元　　6. 50 万 ~ 100 万元

7. 100 万 ~ 200 万元　8. 200 万元以上

C6. 您家住房的市场价值：

1. 20 万元以下　　　　2. 20 万 ~ 50 万元　　3. 50 万 ~ 100 万元

4. 100 万 ~ 200 万元　5. 200 万 ~ 400 万元　6. 400 万 ~ 600 万元

7. 600 万 ~ 1000 万元　8. 1000 万元以上

您家住房在_____省（直辖市、自治区）_____市（州、区）

您觉得上述方案有什么不公平的地方吗？需要怎样改进？您对房产税改革还有其他什么建议？您对本次调查还有什么建议？请写在下面：

再次对您的支持表示衷心感谢！

附录 B

实验材料①

亲爱的朋友：

您好！

下面是关于房产税的一个故事。请您先仔细阅读故事。然后根据故事中的描述，按照真实的想法回答问题。本研究是匿名的，回答没有对错之分。您的回答仅作整体分析之用，不会对他人公开，您完全可以按照自己的真实想法作答。非常感谢您的支持与合作！

房产税是对居民拥有的住房征收的税种。如果重庆的一个三口之家拥有 200 平方米的房产，免税面积为 35 平方米 / 人，税率为 0.5%，该房屋的单价为 6000 元/平方米，那么这个家庭每年的应纳税额计算方式如下：

应纳税额 =（房产总面积－免税面积×家庭人口数）×房产单价×税率

　　　　 =（200－3×35）×6000×0.5%

　　　　 = 2850（元）

李明和他的邻居王强都是三口之家，都拥有 200 平方米的房产，房屋的市场价格也相同。有一天小区的公告栏里贴出了各户居民的应纳税额，要求纳税人在一个月内缴纳。李明家和王强家都要缴 2850 元房产税。李明已经失业 6 个月。按照税法规定，他可以延期缴纳这笔房产税。李明向当地税务局提出了书面申请，

---

① 实验中被试的税负有高于、等于、低于参照对象三个水平，税收执法有税收执法公平与不公平两个水平，共六种情景。为简单起见，这里只编入被试的税负等于参照对象、税收执法公平情境下的实验材料。

要求延期缴纳这笔房产税。税务局批准了李明的请求。

一、以下表述是否与上面故事中的情况一致？如果一致，请在"1"上打钩；如果不一致，请在"2"上打钩。

A1. 李明家和王强家缴纳的房产税相同。

1. 正确   2. 错误

A2. 李明家缴纳的房产税高于王强家。

1. 正确   2. 错误

A3. 税务局批准了李明的请求。

1. 正确   2. 错误

二、请根据上面的故事，假设您是故事中的主人公李明，按照您的真实想法，在相应答案的号码上打钩。

调查内容	非常不同意	有点不同意	不能确定	有点同意	非常同意
B1. 与王强家相比，李明家缴纳的房产税金额是公平的	1	2	3	4	5
B2. 与王强家相比，李明应该对他家缴纳的房产税金额感到满意	1	2	3	4	5
B3. 税务局对于李明延期纳税请求的处理是公平的	1	2	3	4	5
B4. 税务局依法公正地处理了李明延期纳税的请求	1	2	3	4	5
B5. 李明会愿意按照税务机关要求缴纳税款	1	2	3	4	5
B6. 李明应该按照税务机关要求缴纳税款	1	2	3	4	5
B7. 李明不按照税务机关要求缴纳税款是可以理解的	1	2	3	4	5

三、请您根据自己的实际情况，在相应答案的号码上打钩。

C1. 您的性别：

1. 男   2. 女

C2. 您的年龄：

（   ）岁

C3. 您家的年收入：

1. 5 万元以下　　　　2. 5 万 ~ 10 万元　　3. 10 万 ~ 15 万元

4. 15 万 ~ 25 万元　　5. 25 万 ~ 50 万元　　6. 50 万 ~ 100 万元

7. 100 万 ~ 200 万元　8. 200 万元以上

C4. 您家住房的市场价值：

1. 20 万元以下　　　　2. 20 万 ~ 50 万元　　3. 50 万 ~ 100 万元

4. 100 万 ~ 200 万元　　5. 200 万 ~ 400 万元　　6. 400 万 ~ 600 万元

7. 600 万 ~ 1000 万元　　8. 1000 万元以上

您家住房在_____省（直辖市、自治区）_____市（州、区）

参考文献

［1］安体富，葛静.关于房产税改革的若干问题探讨——基于重庆、上海房产税试点的启示［J］.经济研究参考，2012（45）：12－21.

［2］奥斯特罗姆，菲尼，皮希特.制度分析与发展的反思——问题与抉择［M］.王诚等，译.北京：商务印书馆，1996：122－158.

［3］巴曙松.房产税改革对房地产市场的影响研究［M］.北京：首都经济贸易大学出版社，2011：186.

［4］白彦锋.房产税未来能成为我国地方财政收入的可靠来源吗［J］.经济理论与经济管理，2012，32（5）：57－64.

［5］白彦锋.土地出让金与我国的物业税改革［J］.财贸经济，2007（4）：24－30.

［6］北京大学中国经济研究中心宏观组.中国物业税研究：理论、政策与可行性［M］.北京：北京大学出版社，2007：17－21，171－173.

［7］蔡红英，范信葵.房地产税国际比较研究［M］.北京：中国财政经济出版社，2011：8－125，155－156.

［8］陈成文，张晶玉.社会公平感对公民纳税行为影响的实证研究［J］.管理世界，2006，21（4）：57－65.

［9］陈多长.房地产税收论［M］.北京：中国市场出版社，

2005：118－200.

［10］陈建东.我国城镇居民财产性收入的研究［J］.财贸经济，2009（1）：65－69.

［11］陈小安.房产税的功能、作用与制度设计框架［J］.税务研究，2011（4）：30－34.

［12］辞海编辑委员会.辞海［M］.上海：上海辞书出版社，1999：793－2013.

［13］笪可宁，张仕祺.我国征收房产税存在的问题及对策［J］.沈阳建筑大学学报（社会科学版），2013，15（1）：61－64.

［14］戴维·罗默.高级宏观经济学（第二版）［M］.王根蓓，译.上海：上海财经大学出版社，2003：8－14.

［15］丁成日.房地产税制的理论回顾（下）［J］.财政研究，2007（3）：35－41.

［16］丁芸.不动产保有环节税收的国际及我国香港地区借鉴［J］.中央财经大学学报，2009，28（1）：18.

［17］段智晓，康赣华.现行房产税制度公平性问题探析［J］.天津经济，2014，20（3）：68－70.

［18］樊丽明，李文.房地产税收制度改革研究［J］.税务研究，2004（9）：12－16.

［19］冯菱君，王海勇.重构我国房地产税制的基本思路［J］.当代经济研究，2004（11）：8－11.

［20］冯源，庞炜.对物业税公平功能的思考［J］.税务与经济，2007（4）：97－101.

［21］高嘉陵.微观分析仿真的建模与在养老保险制度改革中的应用（续）［J］.计算机仿真，1999（2）：47－51.

［22］高嘉陵.烟台职工养老保险制度改革政策的微观分析模拟模型［J］.人口与经济，1998（5）：18－25.

［23］葛静，安体富，陈宇.房产税改革试点中的征纳问

题——基于重庆市北部新区的调查报告［J］．涉外税务，2013，25（6）：19－22．

［24］龚刚敏．论物业税对房地产价格与政府行为的影响［J］．税务研究，2005（5）：43－45．

［25］郭宏宝．房产税改革目标三种主流观点的评述——以沪渝试点为例［J］．经济理论与经济管理，2011（8）：53－61．

［26］郭玲，刘跃．房产税改革对我国地方财政的影响——以沪、渝房产税改革试点方案为样本［J］．税务研究，2011（12）：38－40．

［27］郭庆旺，赵志耘．公共经济学［M］．北京：高等教育出版社，2010：184－240．

［28］郭绍僖，关亚骥，陆学华．微观分析模拟概论［J］．中国管理科学，1988（2）：20－28．

［29］郭文华，曹庭语，刘丽等．国外不动产税收制度研究［M］．北京：中国大地出版社，2005：169．

［30］胡斌南，朱延福，朱香蓉等．社会公平 人类永恒的追求［M］．武汉：武汉出版社，1989：5．

［31］黄卫华．实行地价年租制的法律思考［J］．甘肃政法学院学报，2003（5）：33－36．

［32］贾康．房产税改革：美国模式和中国选择［J］．人民论坛，2011（3）：48－50．

［33］贾康．房地产税的作用、机理及改革方向、路径、要领的探讨［J］．北京工商大学学报，2012（2）：1－6．

［34］金鹏．国外税收遵从理论模型研究综述［J］．财会月刊，2008，27（32）：37－38．

［35］况伟大．住房特性、物业税与房价［J］．经济研究，2009（4）：151－160．

［36］拉本德拉·贾．现代公共经济学［M］．王浦劬，方敏等，

译. 北京：中国青年出版社，2004：256 - 260.

　　［37］理查德·A. 马斯格雷夫，佩吉·B. 马斯格雷夫. 财政理论与实践（第五版）［M］. 邓子基，邓力平，译. 北京：中国财政经济出版社，2003：230 - 243.

　　［38］李林木，赵永辉. 公共品供给效率对高收入者纳税遵从决策的影响——基于前景理论的分析［J］. 财政研究，2011，31（10）：32 - 36.

　　［39］李青. 我国个人所得税对收入分配的影响：不同来源数据与角度的考察［J］. 财贸经济，2012（5）：37 - 44.

　　［40］李善同. 微观分析模拟模型［J］. 数量经济技术经济研究，1990（6）：64 - 68.

　　［41］李实，万海远，谢宇. 中国居民财产差距的扩大趋势［Z］. 中国收入分配研究院工作论文，2014.

　　［42］李实，魏众，丁赛. 中国居民财产分布不均等及其原因的经验分析［J］. 经济研究，2005（6）：4 - 15.

　　［43］李实，佐藤宏，史泰丽. 中国收入差距变动分析：中国居民收入分配研究 IV ［M］. 北京：人民出版社，2013.

　　［44］梁运文，霍震，刘凯. 中国城乡居民财产分布的实证研究［J］. 经济研究，2010，55（10）：33 - 47.

　　［45］刘洪玉，郭晓旸，姜沛言. 房产税制度改革中的税负公平性问题［J］. 清华大学学报（哲学社会科学版），2012，26（6）：18 - 26.

　　［46］刘金东，王生发. 新房产税的累进性与充分性测算——基于家户调查数据的微观模拟［J］. 财经论丛，2015（12）：25 - 31.

　　［47］刘黎明，黄恒君. 个人所得税制度改革效应微观模拟模型构建［J］. 兰州商学院学报，2012（5）：10 - 14.

　　［48］刘明慧. 物业税功能定位与税制要素设计［J］. 税务研

究，2009（10）：47－50.

[49] 刘佐. 遗产税制度研究 [M]. 北京：中国财政经济出版社，2003：148.

[50] 罗涛，张青，薛钢. 中国房地产税改革研究 [M]. 北京：中国财政经济出版社，2011：26－28.

[51] 马克和. 我国开征物业税的难点及现实选择 [J]. 税务研究，2004（4）：43－46.

[52] 裘思珺，屠梅曾. 我国物业税税率设计的理论与实证分析 [J]. 科学技术与工程，2009，9（5）：1375－1378.

[53] 尚力强. 注重税收公平、建设和谐社会 [J]. 税务研究，2006，12（9）：3－7.

[54] 宋晓梧，李实，石小敏等. 中国收入分配：探索与争论 [M]. 北京：中国经济出版社，2011.

[55] 孙玉霞. 税收遵从：理论与实证 [M]. 北京：社会科学文献出版社，2008：78－104.

[56] 泰勒，佩普劳，希尔斯等. 社会心理学（第十版）[M]. 谢小菲等，译. 北京：北京大学出版社，2004：139.

[57] 童疆明. 社会公平感与税收遵从的实验分析 [J]. 新疆财经，2008，18（4）：56－62.

[58] 万广华. 经济发展与收入不均等：方法和证据 [M]. 上海：上海人民出版社，2006.

[59] 万相昱. 微观模拟模型与收入分配政策评价 [D]. 长春：吉林大学，2008：162.

[60] 王洪卫，陈歆，戴扬. 房地产租费税改革研究 [M]. 上海：上海财经大学出版社，2005：53－58.

[61] 王辉. 30 年期国债利率令市场大跌眼镜 [EB/OL]. 中证网，2008－05－08.

[62] 王小鲁. 灰色收入与国民收入分配 [M]. 北京：中信出

版社，2010：1-29.

　　［63］王智波. 房产税改革中的公平问题研究［J］. 中国经济问题，2011（3）：85-89.

　　［64］吴明隆. 结构方程模型［M］. 重庆：重庆大学出版社，2010：10-50.

　　［65］吴明隆. 问卷统计分析实务［M］. 重庆：重庆大学出版社，2010：25-45.

　　［66］席晓娟. 论法律维度的税收遵从［J］. 税务研究，2010，16（3）：73-77.

　　［67］夏杰长. 我国开征物业税的效应与时机分析［J］. 税务研究，2004（9）：22-24.

　　［68］夏商末. 房产税：能够调节收入分配不公和抑制房价上涨吗［J］. 税务研究，2011（4）：19-25.

　　［69］现代汉语辞海编委会. 现代汉语辞典［M］. 太原：山西教育出版社，2002：884.

　　［70］谢伏瞻. 中国不动产税制设计［M］. 北京：中国发展出版社，2006：2-37.

　　［71］谢宇，靳永爱. 中国民生发展报告2014［M］. 北京：北京大学出版社，2014.

　　［72］徐滇庆. 房价与物业税［M］. 北京：机械工业出版社，2008：121-123.

　　［73］岳希明，徐静. 我国个人所得税的居民收入分配效应［J］. 经济学动态，2012（6）：16-20.

　　［74］徐宽. 基尼系数的研究文献在过去八十年是如何拓展的［J］. 经济学，2003，2（3）：757-778.

　　［75］徐四伟. 物业税制度研究［D］. 厦门：厦门大学，2005.

　　［76］杨晓妹. 个人所得税改革与收入分配——基于女性视角的微观模拟［J］. 湖北经济学院学报，2013（3）：83-87.

［77］杨志安，郭矜.关于全面推进房产税改革的思考［J］.税务研究，2012（10）：38－41.

［78］姚涛.促进财富公平分配的房产税制度创新路径研究［J］.地方财政研究，2015（2）：13－17.

［79］野口悠纪雄.土地经济学［M］.汪斌，译.北京：商务印书馆，1997：66－83.

［80］尹音频，杨晓妹.劳动供给对个人所得税改革敏感吗——基于微观模拟的动态分析［J］.财经科学，2013（10）：99－107.

［81］虞燕燕.不动产税税率设定的实证研究——以宁波市为例［D］.杭州：浙江大学，2007：56.

［82］约翰·斯图亚特·穆勒.政治经济学原理［M］.郭大力，译.上海：世界书局，1936：223.

［83］岳希明，张斌，徐静.中国税制的收入分配效应测度［J］.中国社会科学，2014（6）：96－117.

［84］张青，薛刚，李波等.物业税研究［M］.北京：中国财政经济出版社，2006：19.

［85］张世伟，李学，樊立庄.养老保险政策的微观模拟［J］.吉林大学社会科学学报，2005（1）：79－84.

［86］张世伟，万相昱，樊立庄.个人所得税制度改革的微观模拟［J］.吉林大学社会科学学报，2006（5）：114－121.

［87］张新.税收公平内涵的解析与税收制度审视［J］.山西财经大学学报，2008，29（1）：21－23.

［88］赵人伟，李实.中国居民收入差距的扩大及其原因［J］.经济研究，1997（9）：19－28.

［89］周浩，龙立荣，王燕，王忠军，吴怡，柯善玉.分配公正、程序公正、互动公正影响效果的差异［J］.心理学报，2005，37（5）：687－693.

［90］朱明熙. 我国房产税功能辨析［J］. 税务研究，2012（10）：26-30.

［91］左莉莉. 不动产相关税费是否可归并简化为物业税［J］. 税务研究，2005（5）：40-42.

［92］Aaron H. J. Who pays the property tax［M］. Washington, D. C. ：The Brookings Institution，1975：201-280.

［93］Adams J. S. Inequity in social exchange［J］. Advances in Experimental Social Psychology，1965（2）：267-299.

［94］Allen M. T. ，Dare W. H. Changes in property tax progressivity for Florida homeowners after the "save our homes amendment"［J］. The Journal of Real Estate Research，2009，31（1）：81-92.

［95］Allingham M. G. ，Sandmo A. Income tax evasion：A theoretical analysis［J］. Journal of Public Economics，1972，1（3-4）：323-338.

［96］Alm J. ，Mckee M. Estimating the determinants of taxpayer compliance with experimental data［J］. National Tax Journal，1992，45（1）：107-114.

［97］Andreoni J. ，Erard B. ，Feinstein J. Tax compliance［J］. Journal of Economic Literature，1998，36（2）：818-860.

［98］Atkinson T. ，Utili F. Microsimulation of social policy in the European Union：Case study of a European minimum pension［J］. Economica，2010，69（274）：229-243.

［99］Baumol W. J. ，Bradford D. F. Optimal departures from marginal cost pricing［J］. The American Economic Review，1970，60（3）：265-283.

［100］Blundell R. ，Duncan A. ，Mccrae J. ，et al. The labour market impact of the working families' tax credit［J］. Fiscal Studies，2000，21（1）：75-104.

[101] Bobek D. D. Tax fairness: How do individuals judge fairness and what effect does it have on their behavior [D]. Michigan: University of Florida, 1997: 1 - 50.

[102] Bourguignon F., O'Donoghue C., Sastre-Descals J., et al. Eur3: A prototype European tax-benefit model [R]. Cambridge: University of Cambridge, 1997.

[103] Bourguignon F., Spadaro A. Microsimulation as a tool for evaluating redistribution policies [J]. The Journal of Economic Inequality, 2006, 4 (1): 77 - 106.

[104] Bowman J. H., Bell M. E. Distributional consequences of converting the property tax to a land value tax: Replication and extension of England and Zhao [J]. National Tax Journal, 2008, 61 (4): 593 - 607.

[105] Braithwaite J. Large business and the compliance model [C]//Aldershot. Taxing Democracy. UK: Ashgate Publishing, 2003: 177 - 202.

[106] Bruun C., Luna F. Endogenous growth with cycles in a swarm economy: Fighting time, space, and complexity [M]//Economic Simulations in, Swarm: Agent-Based Modelling and Object Oriented Programming. New York: Springer US, 2000: 105 - 131.

[107] Callan T., Sutherland H. The impact of comparable policies in European countries: Microsimulation approaches [J]. European Economic Review, 1997, 41 (3 - 5): 627 - 633.

[108] Callan T., Ven J. V. D. A framework for pension policy analysis in Ireland: PENMOD, a dynamic simulation model [M]. Dublin: Economic and Social Research Institute (ESRI), 2011.

[109] Carnes G. A., Cuccia A. D. An analysis of the effect of tax complexity and its perceived justification on equity judgments [J].

Journal of the American Taxation Association, 1996, 18 (2): 40 – 56.

［110］Cebula R. J. , Foley M. , Houmes R. Property tax capitalization within a national historic district versus property tax capitalization outside that national historic district: Another application of the tiebout hypothesis ［J］. International Journal of Economics and Finance, 2011, 3 (4): 14 – 21.

［111］Chapman J. , Rex L. F. Connections between economic development and land taxation ［J］. Land Lines, 2005, 17 (4): 18 – 26.

［112］Chapman J. , Facer II R. L. Connections between economic development and land taxation ［J］. Land Lines: Newsletter of the Lincoln Institute of Land Policy, 2005, 17 (4): 6 – 8.

［113］Christensen A. L. , Weihrich S. G. , Newman M. D. The impact of education on perceptions of tax fairness ［J］. Advances in Taxation, 1994 (6): 63 – 94.

［114］Cohen J. P. , Coughlin C. C. An Introduction to two-rate taxation of land and buildings ［J］. Social Science Electronic Publishing, 2005, 87 (5): 359 – 374.

［115］Comiez M. S. , Herber B. P. Modern public finance: The study of public sector economics ［J］. Journal of Finance, 1972, 27 (1): 172.

［116］Cowell F. A. Tax evasion and inequity ［J］. Journal of Economic Psychology, 1992, 13 (4): 521 – 543.

［117］Creedy J. , Duncan A. Behavioural microsimulation with labour supply responses ［J］. Journal of Economic Surveys, 2002, 16 (1): 1 – 39.

［118］Cremer D. D. , Tyler T. R. , Ouden N. D. Managing cooperation via procedural fairness: The mediating influence of self-other merging ［J］. Journal of Economic Psychology, 2005, 26 (3): 393 – 406.

［119］Davis L. , North D. C. , Smorodin C. Institutional change and American economic growth ［M］. New York: Cambridge University Press, 1971.

［120］De Lathouwer L. Microsimulation in comparative social policy analysis: a case-study of unemployment schemes for Belgium and the Netherlands ［C］//Microsimulation and public policy: selected papers from the IARIW special conference, Canberra, 5-9December 1993/ Harding, European Economic Review, 1996, 41 (3 -5): 327 -333.

［121］Deutsch M. Equity, equality, and need: What determines which value will be used as the basis of distributive justice? ［J］. Journal of Social Issues, 1975, 31 (3): 137 -149.

［122］Diamond P. A. , Mirrlees J. A. Optimal taxation and public production Ⅰ: Production efficiency ［J］. The American Economic Review, 1971, 61 (1): 8 -27.

［123］Diamond P. A. , Mirrlees J. A. Optimal taxation and public production Ⅱ: Tax rules ［J］. The American Economic Review, 1971, 61 (3): 261 -278.

［124］Dye R. F. , Richard F. , Richard W. Land value taxation: theory, evidence, and practice ［M］. Cambridge, MA: Lincoln Institute of Land Policy, 2009.

［125］England R. W. , Zhao M. Q. Assessing the distributive impact of a revenue—Neutral shift from a uniform property tax to a two-rate property tax with a uniform credit ［J］. National Tax Journal, 2005, 58 (2): 247 -260.

［126］Fischel W. A. Homevoters, municipal corporate governance, and the benefit view of the property tax ［J］. National Tax Journal, 2001, 54 (1): 157 -173.

［127］Fischel W. A. Property taxation and the tiebout model: Evidence for the benefit view from zoning and voting [J]. Journal of Economic Literature, 1992, 30 (30): 171 - 177.

[128] Fisher R. C. State and local public finance [M]. Mason: Thomson Higher Education, 2007: 319 - 320, 349 - 358.

[129] Folger R., Konovsky M. A. Effects of procedural and distributive justice on reactions to pay raise decisions [J]. Academy of Management Journal, 1989, 32 (1): 115 - 130.

[130] Gary C. "Setting the property tax rate". lecture notes in training the trainers program [Z]. Public Finance and Property Taxation, Shenzhen, China, 2005.

[131] Gerbing M. D. An empirical study of taxpayer perceptions of fairness [D]. Austin: The University of Texas at Austin, 1988: 4 - 30.

[132] Gilligan G., Richardson G. Perceptions of tax fairness and tax compliance in Australia and Hong Kong-a preliminary study [J]. Journal of Financial Crime, 2005, 12 (4): 331 - 343.

[133] Hamilton B. W. The effects of property taxes and local public spending on property values: A theoretical comment [J]. Journal of Political Economy, 1976, 84 (3): 647 - 650.

[134] Hamilton B. W. Zoning and property taxes in a system of local governments [J]. Urban Studies, 1975, 12 (2): 205 - 211.

[135] Harberger A. C. The incidence of the corporation income tax [J]. Journal of Political Economy, 1962, 70 (3): 215 - 240.

[136] Hartner M., Rechberger S., Kirchler E., et al. Procedural fairness and tax compliance [J]. Economic Analysis & Policy, 2008, 38 (1): 137 - 152.

[137] Jackson B. R., Milliron V. C. Tax compliance research: Findings, problems, and prospects [J]. Journal of Accounting Litera-

ture, 1986, 5 (1): 125 - 165.

[138] James S. , Alley C. Tax Compliance, self-assessment and tax administration [J]. Journal of Finance and Management in Public Services, 2002, 2 (2): 27 - 42.

[139] Jonathan M. F. The impact of tax fairness dimension on tax compliance: Canadian evidence [D]. Canada: York University, 2011: 1 - 53.

[140] Labeaga J. M. , Oliver X. , Spadaro A. Discrete choice models of labour supply, behavioural microsimulation and the Spanish tax reforms [J]. The Journal of Economic Inequality, 2008, 6 (3): 247 - 273.

[141] Kahneman D. , Tversky A. Prospect theory: An analysis of decisions under risk [J]. Econometrica, 1979, 47 (2): 263 - 291.

[142] Kakwani N. Applications of lorenz curves in economics analysis [J]. Econometrica, 1977, 45 (1): 719 - 728.

[143] Kakwani N. On the measurement of tax progressivity and re-distribution effect of taxes with applications to horizontal and vertical equity [J]. Advances in Econometrics, 1984, 3 (1): 149 - 168.

[144] Katona G. Psychological analysis of economic behavior [J]. Journal of Political Economy, 1952, 20 (2): 1039 - 1089.

[145] Keane M. , Moffitt R. A structural model of multiple welfare program participation and labor supply [J]. International Economic Review, 1998, 39 (3): 553 - 589.

[146] Kim C. K. Does fairness matter in tax reporting behavior? [J]. Journal of Economic Psychology, 2002, 23 (6): 771 - 785.

[147] Kinsey K. A. , Grasmick H. G. , Smith K. W. Framing justice: taxpayer evaluations of personal tax burdens [J]. Law & Society Review, 1991, 25 (4): 845.

[148] Kirchler E. , Niemirowski A. , Wearing A. Shared subjective views, intent to cooperate and tax compliance: Similarities between Australian taxpayers and tax officers [J]. Journal of Economic Psychology, 2006, 27 (4): 502 - 517.

[149] Kraus S. J. Attitudes and the prediction of behavior: A meta-analysis of the empirical literature [J]. Personality & Social Psychology Bulletin, 1995, 21 (1): 58 - 75.

[150] Lay-Yee R. , Cotterell G. The role of microsimulation in the development of public policy [M]//Policy Practice and Digital Science. Springer International Publishing, 2015: 305 - 320.

[151] Leventhal G. S. What should be done with equity theory? [C]//Social exchange. Springer US, 1980: 27 - 55.

[152] Locke E. A. , Bryan J. F. Goal-setting as a determinant of the effect of knowledge of score on performance [J]. American Journal of Psychology, 1968, 81 (3): 398 - 406.

[153] Maroney J. J. , Rupert T. J. , Wartick M. L. The perceived fairness of taxing social security benefits: The effect of explanations based on different dimensions of tax equity [J]. Journal of the American Taxation Association, 2002, 24 (2): 79 - 92.

[154] Maroney J. R. , Rupert T. J. , Anderson B. H. Taxpayer reaction to perceived inequity: An investigation of indirect effects and the equity control model [J]. Journal of the American Taxation Association, 1998 (20): 60 - 77.

[155] Martini A. , Trivellato U. The role of survey data in microsimulation models for social policy analysis [J]. Labour, 2010, 11 (1): 83 - 112.

[156] Mason R. , Calvin L. D. A study of admitted income tax evasion [J]. Law & Society Review, 1978, 13 (1): 73.

[157] Michael W. SPICER, Lee A. Becker. Fiscal inequity and tax evasion: An experimental approach [J]. National Tax Journal, 1960, 33 (2): 171−175.

[158] Mieszkowski P. The property tax: An excise or a profits tax [J]. Journal of Public Economics, 1972, 1 (1): 73−96.

[159] Mirrlees J. A. An exploration in the theory of optimum income taxation [J]. The Review of Economic Studies, 1971, 38 (2): 175−208.

[160] Moser D. V. , Evans J. H. , Kim C. K. The effects of horizontal and exchange inequity on tax reporting decisions [J]. Accounting Review, 1995, 70 (4): 619−634.

[161] Murphy K. , Tyler T. Procedural justice and compliance behaviour: the mediating role of emotions [J]. European Journal of Social Psychology, 2008, 38 (4): 652−668.

[162] Murphy K. Procedural justice, shame and tax compliance [J]. Centre for Tax System Integrity Working Paper, 2004, 38 (50): 379−407.

[163] Musgrave R. A. , Thin T. Income tax progression, 1929−1948 [J]. Journal of Political Economy, 1948, 56 (6): 498−514.

[164] Netzer D. Economics of the property tax [M]. Washington DC: Brookings Institution, 1966: 301−320.

[165] O'Donoghue C. Dynamic microsimulation: A methodological survey [J]. Brazilian Electronic Journal of Economics, 2001, 4 (2): 77.

[166] Oates W. E. The effects of property taxes and local public spending on property values: An empirical study of tax capitalization and the tiebout hypothesis [J]. Journal of Political Economy, 1969, 77 (6): 957−971.

［167］ Orcutt G. H. A new type of socio-economic system ［J］. Review of Economics & Statistics, 1957 (80): 1081 - 1100.

［168］ Pacifico D. A behavioral microsimulation model with discrete labour supply for Italian couples ［R］. Modena: Modena Reggio Emilia University, 2009: 1 - 4.

［169］ Palil M. R. Tax knowledge and tax compliance determinants in self assessment systems in Malaysia ［D］. Birmingham: University of Birmingham, 2010: 10 - 17.

［170］ Pommerehne W. W. , Weck-Hannemann H. Tax rates, tax administration and income tax evasion in Switzerland ［J］. Public Choice, 1996, 88 (1 - 2): 161 - 170.

［171］ Porcano T. M. Correlates of tax evasion ［J］. Journal of Economic Psychology, 1988, 9 (1): 47 - 67.

［172］ Raaij W. F. V. Economic psychology ［J］. Journal of Economic Psychology, 1981, 1 (1): 1 - 24.

［173］ Rablen M. D. Tax evasion and exchange equity: A reference-dependent approach ［J］. Public Finance Review, 2010, 38 (3): 282 - 305.

［174］ Ramsey F. P. A contribution to the theory of taxation ［J］. The Economic Journal, 1927, 37 (145): 47 - 61.

［175］ Rawls K. John. A theory of justice ［J］. Harvard Law Review, 1971, 85 (8): 311 - 324.

［176］ Richard W. Property tax reform and smart growth ［J］. Land Lines: Newsletter of the Lincoln Institute of Land Policy, 2004, 16 (1): 1 - 4.

［177］ Richardson G. The impact of tax fairness dimensions on tax compliance behavior in an Asian jurisdiction: The case of Hong Kong ［J］. International Tax Journal, 2006, 32 (1): 29 - 42.

[178] Richardson M. , Sawyer A. J. A taxonomy of the tax compliance literature: further findings, problems and prospects [J]. Australian Tax Forum, 2001, 16 (1): 137.

[179] Rosen H. S. Public finance [M]. Readings in Public Choice and Constitutional Political Economy. New York: Springer US, 2008: 252 − 262.

[180] Rutherford T. , Shepotylo O. , Tarr D. Household and Poverty Effects from Russia's Accession to the WTO [C]//Empirical Trade Analysis Conference, Washington, DC: Woodrow Wilson Center, 2004: 22 − 23.

[181] Saad N. Fairness perceptions and compliance behaviour: Taxpayers' judgments in self-Assessment environments [D]. New Zealand: University of Canterbury, 2011: 81 − 100.

[182] Saad N. Fairness perceptions and compliance behaviour: The case of salaried taxpayers in Malaysia after implementation of the self-assessment system [J]. eJournal of Tax Research, 2010, 8 (1): 32.

[183] Simon H. A. The incidence of a tax on urban real property [J]. Quarterly Journal of Economics, 1943, 57 (3): 398 − 420.

[184] Sirmans G. S. , Diskin B. A. , Friday H. S. Vertical inequity in the taxation of real property [J]. National Tax Journal, 1995, 48 (1): 71 − 84.

[185] Sirmans G. S. , Gatzlaff D. H. , Macpherson D. A. Horizontal and vertical inequity in real property taxation [J]. Journal of Real Estate Literature, 2008, 16 (2): 283 − 302.

[186] Smith B. Intrajurisdictional segmentation of property tax burdens: Neighborhood inequities across an urban sphere [J]. The Journal of Real Estate Research, 2008, 30 (2): 207 − 223.

［187］ Spicer M. W. , Becker L. A. Fiscal inequity and tax eva-sion: An experimental approach ［J］. National Tax Journal, 1980, 33 (2): 171 - 175.

［188］ Spielauer M. What is social science microsimulation? ［J］. Social Science Computer Review, 2010, 28 (3): 9 - 20.

［189］ Stern N. H. On the specification of models of optimum in-come taxation ［J］. Journal of Public Economics, 1976, 6 (1): 123 - 162.

［190］ Strumpel B. Economic behavior and economic welfare: Models and interdisciplinary approaches ［J］. Human Behavior in Eco-nomic Affairs: Essays in Honor of George Katona with Concluding Com-ments by George Katona, 1972, 1 (1): 83 - 107.

［191］ Suits D. B. Measurement of tax progressivity ［J］. Ameri-can Economic Review, 1977, 70 (67): 747 - 752.

［192］ Tanzi V. Public Finance in Developing Countries ［M］. UK: Edward Elgar Publishing, 1991: 157 - 164.

［193］ Tesfatsion L. Growing artificial societies: social science from the bottom up ［M］. Bradford: Brookings Institution Press, 1996: 113 - 116.

［194］ Thibaut J. W. , Walker L. Procedural justice: A psycho-logical analysis ［M］. L. Erlbaum Associates, 1975: 1 - 160.

［195］ Tiebout C. M. A pure theory of local expenditures ［J］. Journal of Political Economy, 1956, 64 (5): 416 - 424.

［196］ Torgler B. , Schneider F. Shadow economy, tax morale, governance and institutional quality: A panel analysis ［C］//Depart-ment of Economics, Johannes Kepler University Linz, Austria, 2007: 178 - 184.

［197］ Torgler B. Tax Morale, Rule-governed behaviour and trust ［J］. Constitutional Political Economy, 2003, 14 (2): 119 - 140.

［198］Trivedi V. U. , Shehata M. , Lynn B. Impact of personal and situational factors on taxpayer compliance: An experimental analysis ［J］. Journal of Business Ethics, 2003, 47 (3): 175–197.

［199］Tyler T. R. , Boeckmann R. J. , Smith H. J. , et al. Social justice in a diverse society ［J］. American Political Science Association, 1998, 92 (1): 839–842.

［200］Tyler T. R. , Lind E. A. A relational model of authority in groups ［J］. Advances in Experimental Social Psychology, 1992, 25 (2): 115–191.

［201］Tyler T. R. Restorative justice and procedural justice: Dealing with rule breaking ［J］. Journal of Social Issues, 2006, 62 (2): 307–326.

［202］Tyler T. R. Why people obey the law: Procedural justice, legitimacy, and compliance ［M］. New Haven: Yale University Press, 1990: 5–34.

［203］Ven J. V. D. A structural dynamic microsimulation model of household savings and labour supply ［J］. Economic Modelling, 2011, 28 (4): 2054–2070.

［204］Verboon P. , Dijke M. V. When do severe sanctions enhance compliance? The role of procedural fairness ［J］. Journal of Economic Psychology, 2011, 32 (1): 120–130.

［205］Verboon P. , Goslinga S. The role of fairness in tax compliance ［J］. Netherlands Journal of Psychology, 2009, 65 (4): 136–145.

［206］Walker I. , Atkinson A. B. , Sutherland H. Tax-Benefit Models ［J］. Economic Journal, 1988, 98 (393): 1220.

［207］Wallschutzky I. G. Possible causes of tax evasion ［J］. Journal of Economic Psychology, 1984, 5 (4): 371–384.

［208］Wenzel M. The impact of outcome orientation and justice concerns on tax compliance: the role of taxpayers' identity [J]. Journal of Applied Psychology, 2002, 87 (4): 629 - 645.

[209] World Bank: World development indicators 2011 [Z]. Washington, D. C., 2009: 68 - 71.

[210] Worsham R. G. The effect of tax authority behavior on tax-payer compliance: A procedural justice approach [J]. Journal of the American Taxation Association, 1996, 18 (2): 19 - 39.

[211] Xie Y., Zhou X. Income inequality in today's China [J]. Proceedings of the National Academy of Sciences, 2014, 111 (19): 6928 - 6933.

[212] Yemtsov R. Housing privatization and household wealth in transition [J]. Wider Working Paper, 2007 (2): 312 - 334.

[213] Yitzhaki S. A Note on income tax evasion: A theoretical analysis [J]. Journal of Public Economics, 1974, 3 (2): 201 - 202.

[214] Zodrow G. R., Mieszkowski P. The incidence of the prop-erty tax. The benefit view vs. the new view [A]//Zodrow G R. Local provision of public services: The tiebout model after twenty-five years. New York: Academic Press, 1983: 109 - 129.

[215] Zucchelli E., Jones A. M., Rice N. The evaluation of health policies through dynamic microsimulation methods [J]. Health Econometrics & Data Group Working Papers, 2012, 5 (1): 2 - 20.

后 记

　　六年半的写作过程是一个艰辛的旅途。梳理文献，学习研究方法，获取数据，分析结果，撰写书稿，经历了很多艰难曲折，才形成这一成果。

　　本书是项目组成员分工合作完成的。姚涛、高凤勤设计了本书的基本框架。各章的具体分工如下：第1章、第2章，姚涛；第3章，牛舒、姚涛、汪洋、詹鹏；第4章，欧阳玉倩、李佳沨、姚涛；第5章，李佳沨、姚涛；第6章，邵立勋、姚涛；第7章、第8章，姚涛。陈西婵、陈建东、李忆、陈培峰、郝乐、周薇、谭承友、周晓蓉、陈小安、杨波等对本书的写作也做了很多贡献。

　　需要感谢的人很多，难以一一列举。感谢尹音频教授、高凤勤教授、陈建东教授、陈西婵博士、詹鹏博士、李忆教授、张世云教授、陈培峰博士、黄余霞老师在课题研究过程中给予的帮助。感谢李佳沨、欧阳玉倩、汪洋、牛舒、邵立勋等同学认真完成各自承担的部分。感谢重庆邮电大学经济管理学院的领导和同事以及社科处老师的大力支持。

　　在本书的写作过程中，李佳沨承担了许多烦琐的工作，对于本书的顺利完成做出了突出贡献。还有许多朋友提供了支持和帮助，让我受到很大启发，感到很多温暖。特别是吴览冰、杨晓平、李红梅、罗丽、何素秋、王蜀湘、王美月、黄然等朋友的帮助令我受益匪浅。

　　我还要特别感谢我的父母兄弟以及妻子李建碧和儿子姚静宇，他们始终陪伴着我面对各种考验。

　　最后，衷心感谢顾瑞兰博士的精益求精、耐心细致的编辑工作，为本书增色添彩。

姚涛

2019 年 3 月于重庆南山黄桷垭